あの頃の自分にガツンと言いたい

野々村友紀子

まえがき

家族が増えると自分のことなど後回し。
過去を振り返る余裕なんてありませんでした。
それでも、たまにふと、過去の自分の言動に腹が立ったり、反省したり。

思い切って、久しぶりに人生を振り返り、記憶がある限り後ろのほうまでよーく見てみたら、そこには懐かしい、「あの頃」の自分がたくさんいました。

はしゃいだり、泣いたり、飛び跳ねたり、あはは！　と指さし笑い転げたり、迷ったり、恋をしたり、もがいたり、失ったり、追いかけたり、掴んだり……。

中には、「あー、わかってないなー」と恥ずかしくて目を覆いたくなるような自

分もいます。人にいじわるをしたことも、心を傷つけたこともありました。「何してんねん！」と叱責したくなるような自分も、抱きしめて一緒に泣いてあげたい自分もいました。

私は、できた人間ではありません。

だけど、迷って迷って、やっと自分らしく在れる場所にたどり着いた今だからこそ、「あの頃の自分」たちに、ガツンと言いたい。

そして読み返してみると、不思議なことに、今の自分にもガツンガツンとくる言葉がたくさん。これからの自分にとっても、大事な本となりました。

今は、まだまだガツンと言いたいことが山盛り。

でも、最後には、今までの自分に心から「ありがとう」と言える人生を歩みたい。

もくじ

7章　今、もがいている人に伝えたいこと

必死で生きている人

遺伝と育ちのせいにばかりするな。／ハイタッチを諦めるな！／傷は残るが痛みは消える。／自分の幸せから逃げるな！／子どもは何があっても、親を許す。／親は、どんなことがあっても自分の子を受け入れ、何もかもなくなっても、子を愛する。

親子

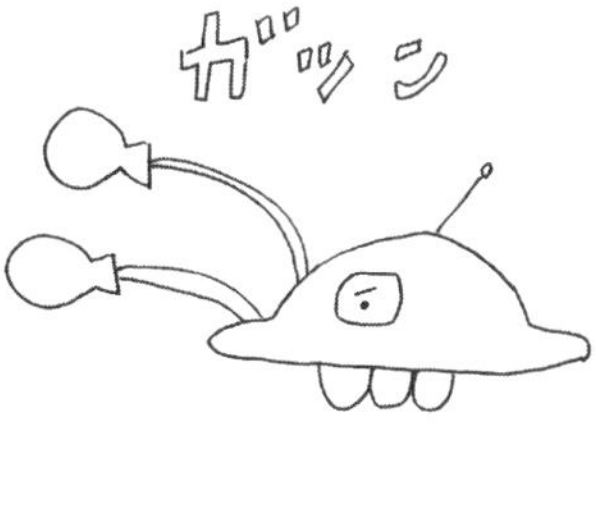

1章 若かった自分にガツンと言いたいこと

若かったあの頃

なめきっていた。その一言に尽きる。

世の中も、大人も、将来も、社会も、なめきっていた。ジャーンとギターが鳴って「クソくらえ〜」とか歌い出しそうな、今となっては理解されにくい種類の、そんな昭和の青春ソングのような十代。

社会も世間もまだ知らないくせに、「なんとかなる」と変な自信だけは持っていて、明るい未来しか見えず、早く社会に飛び出したくて、ハートは常に熱くドキドキしていた。今思えばゾッとするようなタイプの困った若者だ。

若さを謳歌し称賛するくせに、時には全てを若さのせいにして落ち込む、ただ若いだけの人間。早く本当の大人になりたくて、狭い世界の中で焦る、絵にかいたような未熟者。自分が足元にも及ばない数の経験を積んだ大人たちに、たくさんの助

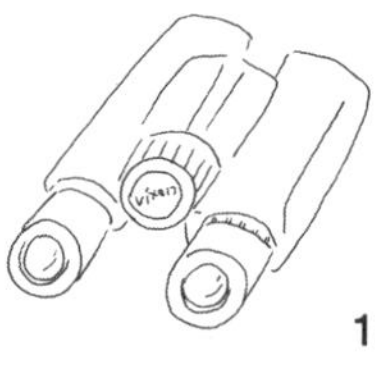

言をもらったが、なぜかそれより心に響くのは、自分と同じ人生経験のない友人の言葉だった。

基本的に、自分から半径数メートル以内のことしか考えていなかった。

そのもう一つ向こうにある現実社会がまるで見えていなかった。

二十代前半、やっと思い通りにいかないことを知るが、ハートはまだ熱いまま。

早く何者かになりたくて、焦って空回りの日々。

そんな、周りが見えず、独りよがりだった、あの頃の自分にガツンと言いたい。

電車ではしゃぐな!

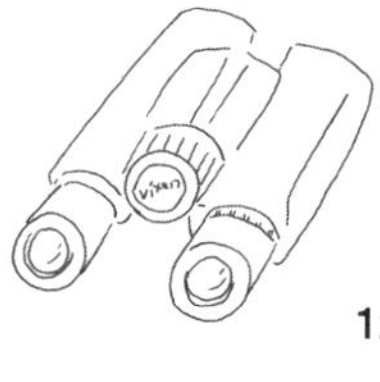

電車に乗っているのは自分たちだけではない。

はしゃげばはしゃぐほど、
友達が先に「じゃーねー！　バイバーイ！」と降りてしまった後、
一人真顔に戻る瞬間がキツイ。
しかもその瞬間は周りにきっちり見られている。

期間限定の「若さ」は大いに楽しめばいい。
だけど、
電車に限らず自分たちが楽しんでいる時
意外と周りは真顔だということを忘れるな。
自分たちが周りを見ていない一方で、
周囲の時間は驚くほど冷静に進んでいることも、
常に忘れるな。

「安《やす》！」と「楽《らく》！」に飛びつくな！

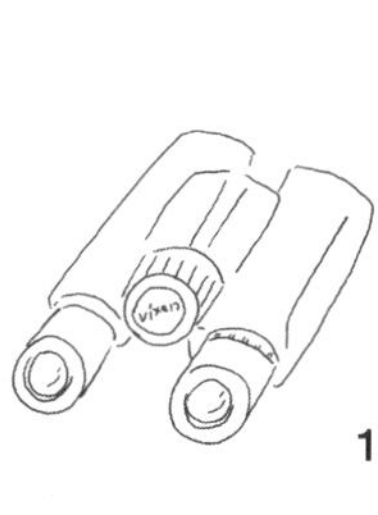

安いもの、楽なものに、飛びつく前に「理由」を考えろ。

なぜ安いのか？
なぜ楽なのか？

必ず理由がある。

命に関わるものもある。
時間を無駄にしたり、お金を捨てることになったり
結果、高い代償を払うこともある。

安いものが本当に安全かどうか、
楽なものが本当に自分のためになるかどうか。
飛びつく前によく調べて考えろ。

「性格」は隠せても「生活」は顔に出るぞ！

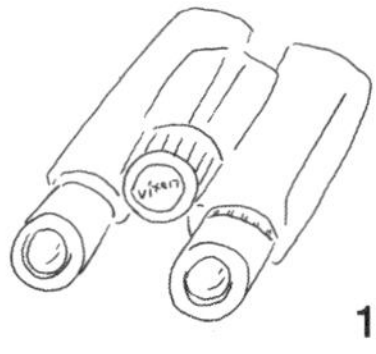

性格の悪さは、
うまいこと隠されてしまっていることもある。
しかし**「生活」は顔に出る**から気をつけろ。
睡眠や食生活の乱れは肌に出るし、
部屋の乱れやお金の乱れも、目つきや顔に出る。
人の顔をよく見よう。
そして自分も、良い顔になるように。

後ろには人がいることを忘れるな！

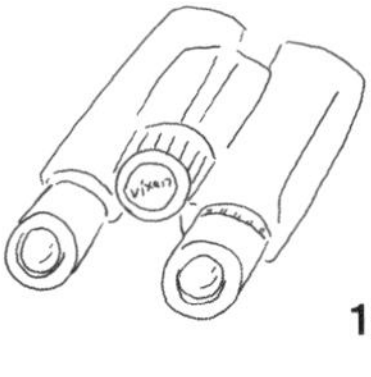

エスカレーター、
スーパーの狭い通路、
駅の券売機、改札。

後ろには誰かがいて、急に立ち止まられて
迷惑しているかもしれない。

自分には見えていない後ろで
行動や言動を見て、不愉快になっている人がいるかもしれない。

もしかしたらそれは、
お手本にしようと、後ろについてくれている人かもしれない。

自分のことだけで頭をいっぱいにするな。

今の自分に厳しい奴だけが
未来の自分を
褒めることができる！

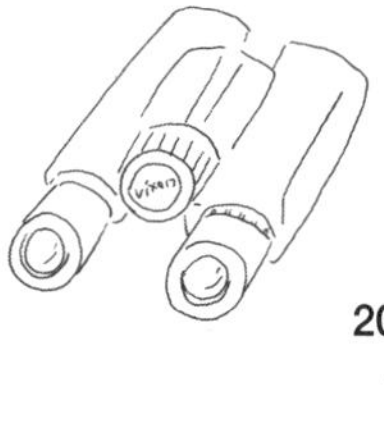

若い時ほど、己を甘やかすな。

今、自分がやること、選ぶことの全てが
未来の自分を作る。

未来で過去の自分を褒めるためには
今、最善を尽くすしかない。

それは、さらに未来の
年を取ってからの自分を甘やかすためでもある。

なりたいものが
見つからないなら、
「なりたくないもの」から
遠ざかれ！

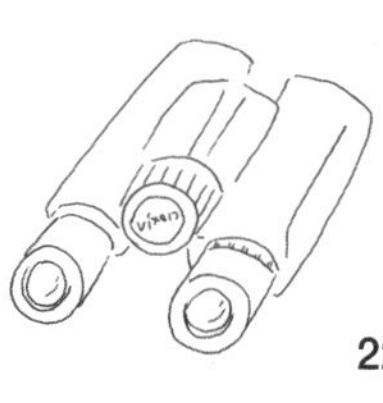

今、やりたいこと、なりたいものが見つからなくても
焦らなくていい。
見つけようとしてさえいれば、いつか見つかる。

なりたいものがわからなくても、
絶対になりたくない自分はわかるはず。
そこから全力で遠ざかるだけで、
なりたいものに近づくかもしれない。

若さの価値

「若さは永遠に手放したくないもの」とよくいうが、私の場合、それは外見的なことに限る。もしも今、神様が現れて「あの頃の若さを返してやろう」と言われても、若かった甘い思考や、それによる苦い経験だけは、もう今更返して欲しくない。やっと手放すことができたのだから。そこだけピクルスのように〝抜き〟でお願いしたい。とりあえず、まずはピチピチだけ返してください。ついでに物忘れしない脳を返してくれたら、あとはもうこっちでやりますんで！

初めて「えっ？　これって老い？」と思った瞬間。それは、レンジに温めたおかずを残し、ゴハンをちゃんと食べ終えた時だ。

メインのおかずではなかったが、気づいた時に心臓がドキドキした。

30代後半くらいからだと思う。「あれどこにしまったっけ？」「あれ？　何しにこの部屋来たんだっけ？」「あれ？　何か調べるためにネット開いたのに、いつの間にか全然関係ない、野生の象に車踏みつぶされる海外の動画見てるやん！」というような、小さな物忘れはしょっちゅう起こるようになったので慣れてきた。

一番ヤバいと思ったのは旦那が家に携帯を忘れていった時。

玄関で旦那を見送った後、しばらくしてテーブルの上にあるそれに気づいた。「あー！　携帯忘れてるやん！　まだ電車乗ってないかな？　早く教えてあげないと！」急いで自分の携帯から旦那の携帯に電話した私。当然、目の前にある携帯が激しく振動しながら鳴り出して、ビクーッ！　とし、事態を把握した途端、言いようのない恐怖に包まれたのだった。「なにこれ、老い？　いや、ただのアホ？　どっちにしても怖すぎる！」

そんな私にも、当然ながら脳も体もピチピチの若い頃があった。

将来のことなんか後回しにして、毎日好きなことだけして遊び惚けていた私だったが、ある日突然、ふと「自分は何になるのか」気になりだした。それまで歌いながらスキップしていたのに、突然ピタッと立ち止まるように、胸が悪くなるほどの不安を覚え、「考えなくては」という使命感にかられたのだった……と、書くと大仰だが、簡単に状況を説明すると、ある日「(ゲームのコントローラーを置いて)え？これヤバない？　いいのかこれで？」となっただけだ。今思えばそれは、同じ年頃のほとんどの子が経験する「漠然とした将来への不安」だったのかもしれない。多くの十代が、自分もやがて社会の一員となることにふと気づき、不安を抱く。そこから、社会人となることへの自覚が生まれ、やがてくる日のために、社会を学び、様々なことに対応できる知識を蓄え、成長していく過程で自信をつけながら、緩やかに不安を解消していく。この「気づきと不安」は、準備を始めるための第一歩に過ぎないが、初めて自分自身が起こす行動や勉強に具体的な将来図を結び付けられる大事な第一歩でもある。

「夢」や「自分がしたいこと」がないのなら焦らなくてもいい。気づいたことによってやっと始まる、それからの道のりの中で時間をかけて「社会に出る自分」を作りながら見つけていけばいいのだから。

しかし、私は「ヤバい」と思った瞬間、めちゃくちゃ焦った。あんなになめきっていた「社会」や「ちゃんとした大人」が四六時中視界の端にチラつくようになり、今まで全く好みでもないし何とも思っていなかった男性が急に気になるかの如く、強烈に意識し出した。もう何がなんでも近日中にこの不安から逃れる「答え」を出さなくては！　と、そこから毎日頭を抱え込んで考えた。

自分とは一体「何？」で「何？」ができて「何？」をして生きていくべきか。この迷宮にハマるともう終わり。まだまだ16歳の小娘にハッキリした答えなど出せるはずがないのだ。最終的には「結局宇宙ってさー」みたいなわけのわからん哲学的なことを言い出すことになるだけ。

ここで目を閉じてスキップを続けることもできたのに、しなかったことは褒めてやりたい。しかし、突き詰めた結果、私が出した答えは、結局社会を知らない若者らしいものだった。

「そうや！　ひらめいた！　好きな人と好きなことをして生きていけば人生はきっとめっちゃ楽しいで！」そりゃそうだ。ではなんで大人のみんなはやらないのか。現実はそんなに甘くないことを知っているからだろう。たくさんの大人に説得も説教もされた。でも私が毎回話を聞きながら不思議だったのは、やってないのにどうやって知ったん？　私が自分でやってみてあかんと思ったらその時また考えるから大丈夫。

今なら、こういう若者にはできたら関わりたくない。大人としては最終的に「じゃあ頑張ってみなさい」としか言えないから。その背中を押す責任が大きいことを大人として自覚しているから。だけど、その頃の私は、それ以外のことで頑張る気が全くなかった。逆に、そのためならどんな努力もできる、そう思った。

私は、大好きなお笑いをやるために、小学生の頃からほぼ毎日一緒に遊んでいた幼馴染とコンビを組んだ。みんなが言う通り、甘い世界ではないし、好きなことだけして生きていくなんていうのは無理だということは飛び込んでみて、すぐにわかった。今まで聞いたどんな言葉よりも「ほんまやわー」となった。だけど、やるしかない。自分であんなに頭抱え込んで決めたことだから。これが、頭抱え込みすぎて本来経なくてもいい「宇宙の理」を経て、私が出した答えだから。最初は甘さから出した答えだったが、決意だけは固かった。とりあえず目標。同級生のみんなが大学卒業して何者かになる時までに、私も。

成人式の日を、よく覚えている。

式典が終わった直後、同級生たちが楽しそうに談笑し記念写真を撮る中、私は急いで家に帰り、母に買ってもらった振袖を脱ぎ捨て、結い髪をほどき、数十分後には大阪心斎橋筋2丁目劇場の舞台に立って漫才をしていた。自分と同世代、もしくは少し年上の女性客を笑わせ、少ないけれどギャラを稼ぎ、大人になったような気持ちになった。

この頃からだろう、やっと「どうにかなるわ」から「どうにかする」に変わったのは。それでもまだ、私は周囲や両親や相方に甘えていたと思う。

大人というのは、年齢に関係なく、自分の責任で生きるということを心から自覚している人のことだと気づくのは、コンビ解散をして一人で歩き出してからかもしれない。そして自分のことだけではなく、周りを見る余裕ができるのは、まだ先になる。

若い頃は、自分の思い描くものは死ぬほどの努力さえすればなんでも手に入ると思っていた。だからこそがむしゃらに頑張れたというのもある。しかし、人生はいつも自分だけで進めていくものではない。自分がいくら頑張っても思い通りにいかないのが人生だ。

若さは永遠に手放したくない甘酸っぱい思い出に溢れている。だけど、顔をしかめるような強烈な苦さも味わった。もちろんその時の自分がいるから、今の人生がある。だけど、若さに甘えて大人のフリをしていた頃の自分には、もう戻りたくない。若い時は毎日の全てが、輝く価値のある時間だと思っていたが、それはあの頃は時間を無限のように感じていたからだった。この歳になっても知らないことが多い私は、若い頃の準備期間の大切さを日々感じる。だから、あの頃にしか経験できないこと、学べないことが無数にあることを知ってしまった今、もしも戻れるのなら、できるだけ時間を有効に使って、「価値のある若さ」にしたい。

手から離れた時に、やっと大切さに気づくこともあれば、そこまで価値のあるものではなかったことに気づくこともある。ただの若さは宝石ではない。

いつまでも手放したくない宝石にするのも、ただの石ころにするのも、自分だ。

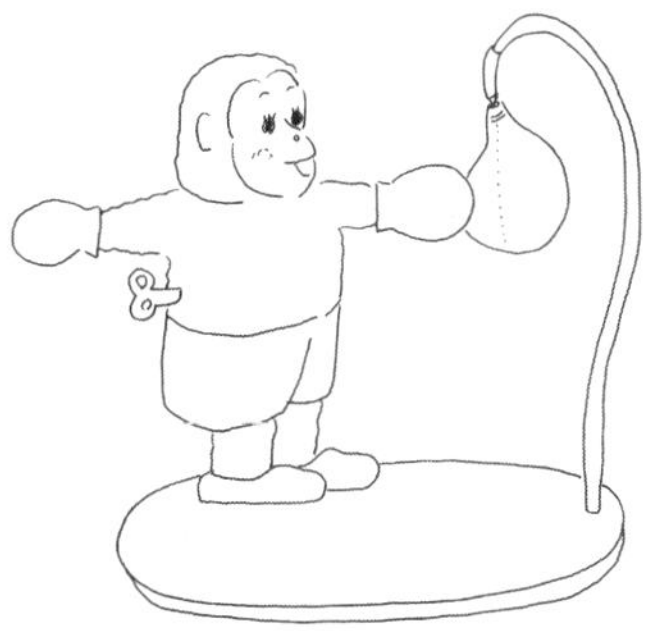

ガッン

2章

勘違いしていた自分にガツンと言いたいこと

なぜかファッションに中華を積極的に取り入れ出したあの頃。

思い出したら恥ずかしくなってしまうあの頃

媚びないことがカッコいいと思っていたあの頃。

革素材を着てりゃカッコいいと思っていたあの頃。

友だちと仕事をするのは、楽しいことだと思っていたあの頃。

好きなことを仕事にするのは、楽だと思っていたあの頃。

傷は、乾かしたら早く治ると思っていたあの頃。

なぜかファッションに中華を積極的に取り入れ出したあの頃。

オラウータンのことをオランウータンと覚えていたあの頃（幼稚園）。

カルーセル麻紀のことをカルセール麻紀と呼んでいたあの頃（小学生）。

オランウータンが間違いでオラウータンが正解だと思っていたあの頃（さっき調べて驚くまで）。

相手が好意でしてくれることは、返さなくてもいいと思っていたあの頃。
怒って感情をぶつければ、わかってくれると思っていたあの頃。
相手の為に、なんでも正直に言うことが良いことだと思っていたあの頃。
人ができないのは頑張りが足りないだけだと思っていたあの頃。
結果に出ていないだけで、自分は努力していると思っていたあの頃。
親は、万能で自分よりずっと強くて何でも知っていると思っていたあの頃。
親が自分を大切に育てるのは、親として当然のことだと思っていたあの頃。
親みたいないちいちうるさい大人にだけは、なりたくないと思っていたあの頃。
親に、親孝行できることが当たり前だと思っていたあの頃。
親と、あと一度だけでも話したい、せめてちゃんとお礼が言いたいと、
心から願う日なんかこないと思っていたあの頃。

要するに、勘違いしていたあの頃の私よ、目を覚ませ！
そんなあの頃の自分にガツンと言いたい。

同調同化で安心するな！

「そうだね」という同調の集合体は安心する。
だけど、
本当に「私もそう思う」か？
本当に「私も前から思ってた」か？

悪口に同調したら同化する。
人から見たら一緒。

自分の意見を持つ。
それを伝えられなかったとしても、
違うと思ったら同調するな。

「自分の常識」は
「他人の非常識」
かもしれないことを
忘れるな！

自分の「10分だけ」は、もしかしたら
他人の「10分も？」かもしれない。
「普通はこうする」「普通の人はそんなことしない」
誰の普通が正解なのか。
そして、「誰かの普通」を基準にすることが
全員の正解とは限らない。
「普通」はみんなのヒーローではない。
誰かの「普通」が人を傷つけることもある。
自分の普通を他人に押し付けないこと。

カッコ良く生きたいなら、カッコつけるな！

人の目を意識するばかりで
カッコつけることばかり考えているのは
人から見たら全然カッコよくない。
むしろ「痛い」ことかもしれない。

カッコいいかどうかは、人が決めるもの。

年中「自分はカッコいい」とカッコつけている人は、カッコ悪い。

人にどう思われようと自分の道を行く、
自分の信念に基づいて正しいことをする。
そういう生き方をしている人は
誰が見てもカッコいい。

迷ったらおくれ！

「迷ったらやれ！」は、
人生の大きな決断に限ったことではない。
お土産、年賀状、お礼状、お祝い。
これこそ、迷うくらいならすればいい。
心がこもった贈り物や言葉をもらって
怒る人間はいない。
あの人に贈ったほうが良かったかな？
あの人に送ったほうがいいのかな？
悩むくらいなら実行するのが正解。

人の時間は、人の命！

人の時間を使うということは
人の命を使うということ。

誰かにわざわざ時間を割いて何かをしてもらうということは
それくらい大きなことだということを忘れるな。

それに見合う感謝の気持ちを
ちゃんと相手に伝えているか。
見合う代償を払っているか。
気軽に何でも頼んでいないか。

自分の命を、大事に使えているか。

人間の貧弱な勘を信じるな！

野性じゃない人間の勘なんか、たかが知れている。

「迷ったら勘で決める！」と失敗しやすい。
失敗してまた勘に頼り、さらに失敗を繰り返す。

失敗した時に言い訳になるような
いいかげんなことはするな。

迷った時は
正しい情報と経験によって
責任を持って選べ。
時には占いに頼るのもいいが、結果に人生を引っ張られるな！

「誰かが必ずどこかで
見てくれている」のは、
見ずにはいられない
「本気」だけ！

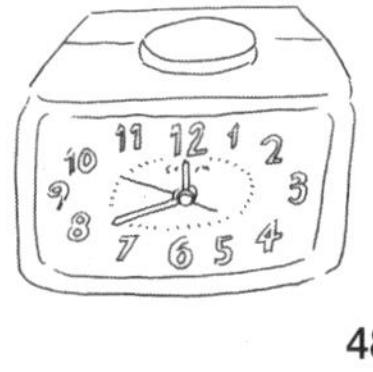

可もなく不可もないことをずっとやっているだけで
誰かがどこかで「見てくれている」なんて思うな。
誰かが見ているかもしれないが、それは「見ているだけ」。

自分が見て欲しいと思う人の目に留まり、
評価されることが大事。

どんな仕事も、与えられたことをやるのは「当たり前」。

与えられた仕事「以外」の部分で評価は変わってくる。

この仕事に賭けたいと思うなら、誰より本気でその仕事のことを考えろ。
どうすればもっと良くなるか本気で考えて実践しろ。
地道な作業かもしれない。最初は誰にも見てもらえないかもしれない。
でも、**誰より本気で取り組んでいれば、**
必ず誰かの目に留まる。

ガツン

幼馴染のイキリライン

　今になって夜中にふと思い出して、顔を覆いジタバタしてしまうような「痛い」勘違い。若い頃の私はそのオンパレードだった。後で笑い話になるような恥は、チャンスがあればたくさんかいとけ！　そのほうが面白みのある奥行のある人間になる、とは常々思う。その意味ではそういうエピソードには困らないが、中にはいまだに「あれは正気だったのか？」という理解不能な行動も多々ある。

　ラブソングばかり録音したカセットテープに、好きな人への想いのたけを、多分いろいろ間違えている長い英文で表わし、タイトルにして転写シートでこすってオリジナル・マイベスト・アルバムを作って渡してみたり。クラブに行ってみたものの、元々そういう人じゃないのでよくわからず、とりあえず真顔で踊ってみたり。生まれて初めて踊って、これまたよくわからないが周りの空気に飲まれて「フー

ッ！」と言ってみたり。しかし大音量に合わせて体の揺れを繰り返すことの何が楽しいのかがわからず、3分くらいで「ハァー踊ったー」という感じでソファに戻り、踊り疲れてみたり。あー！　もう嫌！　思い出したくない！　もうこの話やめよ！

こんな勘違いをしていた頃のことを思い出してはジタバタするからこそ、私は「現在イキってないか」ということにすごく敏感なのかもしれない。「イキる」とは「イキがる」ことで、関西では主に「痛めのカッコつけ」とかそういう意味。まさに、「よくわかってないくせにクラブで真顔でフー」はイキりの極みだ。さすがに大人となった今ならどんな場所でも自分なりに楽しむ方法を探せるようになったし、そういう「同調が生むイキり」はもうなくなったが、今、気をつけなければいけないのは文章。長めの文章を書くとイキってしまうのが人間。とはいえ、何らかの思いのたけをできるだけまともな文章で綴りたいという気持ちはあるので、表現として多少のイキりは許して欲しい。正直イキってんのかイキってないのか自分でわからなくなる時もある。そんな時、私が指針としているのが、小学生の頃からの幼馴染たちだ。私にはいまだに連絡を取り合う幼馴染が数人いるが、彼女たちに「何イキってんの」とニヤニヤされないかどうかが重要なラインとなる。それはイキりだけではなく、例えば文章としてわかりにくくないか（ややアホめが一人いる）、まじめすぎないか（まじめすぎると読まない）、という点でも、彼女たちの目を意識した幼馴染ラインは、自分の中の客観的視点として非常に役立っている。

そんな、私の痛い勘違い時期や、相手のそれも含めた互いの人生の良いも悪いも全てを知っている仲である彼女たちというのは、この年になって「親友」と呼ぶのは照れくさいが、実はその言葉ですら表せないようなかけがえのない存在だ。特に仲の良い3人は、私の幼き日、若き日の楽しかった思い出のほぼ全てに登場する人物であり、家族や恋人よりも絆が深い時期もあった。「ズッ友」なんていう言葉も流行ったけれど、それよりもっとこう、思い入れが特別な……特友（とくとも）？ スペフレ？ これは何イキっとんねん！ というより、ダサすぎると注意されそう。でもとにかく、特別な友達だ。

他にも昔からの大切な友達はいるし、ママになってからできた友達も、みんな大切であることに変わりはないが、ここまで無遠慮になんでも話せてぶつけられる人たちはいない。損も得もしがらみもない時代から一緒なので、嫌われる恐れもなければ、今更何があろうとこちらから嫌うこともないからだろう。勘違いも恥も散々さらしてみると、「カッコ悪い自分を見られたくない」よりも「カッコつけている自分を見られたくない」に変わる。だから体裁は不要な上、「こんなこと言ったら嫌われるんじゃないか」とおびえなくて良い。人との付き合いにおいてこれ以上の楽なことはない。好きなことを好きな時に言い、時にはムカつくことも違うと思うこともお互いあるが、だからといってどうってことない。それも含めて全てを受け入れているのだから。どんなことが起ころうがどんなに遠く離れようが、縁の切れようがない存在。誰に裏切られようが傷つけられようがここだけは安心、という、魂の拠り所のような場所かもしれない。そんな存在が、何かと大変な人生において3人も現れてくれたおかげで、私はここまでなんとか来れたし、現在あまり大きな勘違いもイキりもしないでいられるのだから、彼女たちには、心からの感謝を贈りたい。

Thank you, my best friends!

あかん、これはニヤニヤどころか怒られる。

3章 人間関係で悩んでいた自分にガツンと言いたいこと

人と関わるのが苦手だったあの頃

子どもの頃から「うまくやる」のが苦手だった。

声が大きく社交的な母に「大きな声で挨拶してね。○○ちゃんみたいに愛想よくしなさいよ」と言われるたびに、声が小さくなっていった。大人から、「おとなしいね」と言われたらおとなしくしていたし、母に「ほんま手がかからんいい子」と言われたらそうしようと思った。

あまり感情を表に出すことがなく、何かを強くねだったこともなかった。

いつも強い子だねって言われ続けてた。泣かないで偉いねって褒め……

あれっ？　あゆ？

あゆが今ここを通った？　あれ？　この歌好きでよく歌うからかな？

でもほんとに「居場所」を見つけるのが下手な子だった。

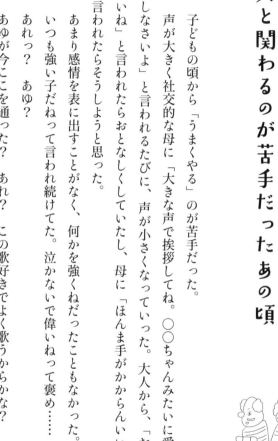

成長しても、誰とでも仲良く、というのが苦手で、したくなかった。新しい人にはなんとなく壁を作って、気が合う幼馴染としか遊んでなかった。世界は広がらず、どんどん狭くなっていった。いつもどこかそわそわして、ここに居ていいのかな？　と気になったりした。誰にでも愛想よく話しかけ誰とでも世間話をして仲良くないのに仲良くすることは、媚びているみたいで恥ずかしいことだと思い、人付き合いがうまい人が仕事をうまくやっているのを見ると、自分は実力でもっと大きな結果を出そうと思った。

そんな「人付き合い」を大きく誤解していたあの頃の自分にガツンと言いたい。

「嫌われない人」より「好かれる人」でいろ！

どんな人も、おもしろい部分を持っている。
人に嫌われることを恐れ、
人に合わせてばかりのいい子ちゃんでいるのでは
自分の本当に良い部分、おもしろい部分は出せない。

自分を出さない人は、人間味がなくつまらない。
他人も自分を出しづらく仲も深まりにくい。

「嫌われない人」は、「好かれる人」ではない。

うわべの付き合いばかりが増えて
人間関係がつまらなくなる前に、自分をさらけ出そう。
人間味のある人は好かれるし、自分も自分でいることが好きになる。

本当の自分を、おもしろがってくれる人を大切にしろ。

自分にだけ、アンチがいないはずがない！

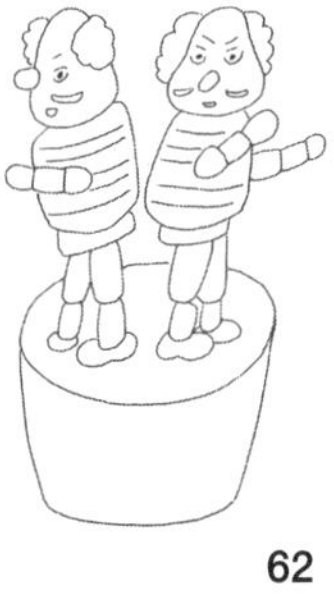

どんな偉人にも、どんな微生物にもアンチはいる。

（たぶん。他の微生物目線で見ると）

親や兄弟でもイヤなところがあるのに
他人にないわけがない。

だから、意見の合わない人、なんとなく嫌な人
そりの合わない人がいても当たり前。
自分のことをそう思う人がいても当たり前。

そんなことをいちいち気にするな！

嫌いな人のことをわざわざ考えるな！

嫌いな人のことを考えている時間は最も意味のない時間。
嫌いな人の「いいところ」なんてどうせ見えないから探しても無駄。
嫌いなものは嫌い、もっと嫌いになるだけだから考えるな。

「嫌い嫌い！」と思い続けてもダメージを受けるのは自分だけ。
嫌いな人がいると、少し不幸。嫌いな人がいると、しんどい。
だから、「自分のため」に考えない。
できるだけ距離を取って、離れた目で見て、
せめてそれ以上嫌いにならないこと。
良いと思っていた部分まで嫌いにならないこと。
でも、「怒り」や「嫌い」は意外と長続きしないもの。
だから、いつか
好きにはなれなくても、嫌いではなくなることもある。
そうなれば自分の悩みが一つ減るので幸せ。

気持ちが変わらないなら、考えを変えろ！

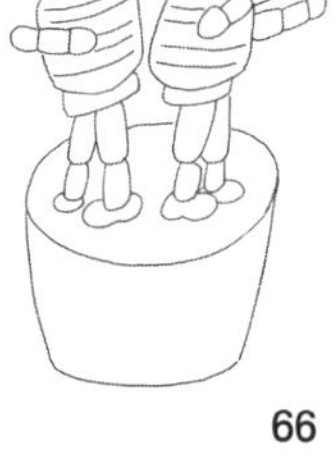

気持ちはなかなか変わらないが、
考えを変えることならできる。

「嫌い」という気持ち、
「嫌だな」という気持ち、
消えないとつらいが、なくなったら楽。

嫌い嫌い、大嫌い、じゃなく、
どうしたら嫌いじゃなくなるのか
自分が楽しく生きるには、
どうしたらいいのかを考える。

考え方を変えてみたら、
意外と気持ちも変わるかもしれない。

限界がきてから
逃げても遅い。

誰もがみんな、頑張って、我慢して
必死で踏ん張って耐えているわけじゃない。
つらい基準も、精神や体の耐性も、人それぞれ。

毎日、ずっと我慢しているだけなら、何の楽しさもそこにないのなら、
自分がダメになる前に、逃げろ。
そして逃げるなら、中途半端に逃げるな。
新しい場所まで逃げきる余力があるうちに、
とっとと、さっさと全力で逃げろ。
限界がきてしまうと、もう逃げられない。

自分を守るために逃げるのは、恥ではない。
逃げてきた自分を優しく受け入れてくれる居場所は、
探せば、必ずどこかにある。
しんどくても楽しい場所を、見つかるまで探せ。

チャンスを持ってくるのは女神やない、「人」や!

だから人を大事にする。
女神にはなかなか会えないが、**人にはたくさん会える。**
その中の誰がそうかはわからないが、
会えば会うほど、チャンスに出会うチャンスは増える。

思わぬ人が思わぬきっかけを持ってきてくれることもある。
自分が、思わぬ人のヒントを持っていることもある。

やりたかった仕事のチャンス、趣味がぴったりの人に出逢えるチャンス、
欲しかったものが手に入るチャンス、行きたかった場所に行けるチャンス。

チャンスの交換会は、毎日世界中で開催されている。

人と出会って、手渡し手渡され、活かすのがチャンス。

ペコペコ母

声の大きい母は、どこに行っても笑顔で低姿勢で誰かに話しかけ、誰とでも仲良くなった。

近所ではいつも声をかけたりかけられたりで立ち止まってはおしゃべり。デパートのエレベーターではベビーカーの中の赤ちゃんにまで話しかけ、最終的にはそのママとキャッキャと話したり、たまたまバス停で隣になったおばあさんと楽しそうに話し込んだり。そんな母を、多感な時期などは特に白い目で見ていた。「うそつけー」と思っていたのだ。知らん人やで？　知らん人の赤ちゃんや知らんおばあさんと話してそんな笑うことある？　ていうか話すことある？　なんでそんなことするん？楽しいはずがないやろ、と。しかし、母はどこでもいつもなんか楽しそうだった。

母は、いつも頭を下げていた。どこへ行ってもペコペコ、いつもすんません。あっちへ行ってはペコペコ、いつもありがとうございます。

父は会社では社長の次か、その次くらいには偉い人だったはずだ。それなのに母は、社員パーティーや社員旅行では、いつも社員さんにペコペコ頭を下げては、広い会場をせっせとお酌をして回っていた。父は微動だにせず威厳をもってお酒を呑んでいるのに。私は母のそれがすごく嫌で、中学生の時に「なんでそんなにペコペコしてんの恥ずかしい」って言ってしまった。

母は、「えー？」と意外そうだったが、表情を変えることもなく「なんでって、お父さんが会社ではちょっとは偉そうにできるようによ～」と言った。父はとても古い無口な人間で、元々の性格的なものと立場も手伝って決して人に頭を下げたりしなかった。母は、そんな父がみんなに嫌われないよう、父の分もペコペコと頭を下げ、いつもあの人がすみませんねえ、とお酌をして回っていたのだ。

今思えば、社員の人たちはそんな母に免じて父の普段の無骨な態度も多少は許してくれていたに違いない。父の会社での居場所を作っていたのは母だった。

そういえば、私が小さい頃、母はよく幼稚園や学校に顔を出して「いつもゆきちゃんと仲良く遊んでくれてありがとうねぇ〜」と、私に意地悪をする子を中心にあえて話しかけてはニコニコしていた。あの頃は「なんで意地悪って知ってるのにそんなこと言うん」と思っていたが、引っ込み思案な私を心配してくれていたのだろう。

それまでは憮然と座っている父がカッコよく見え、ペコペコ母をカッコ悪く感じていたが、母のその言葉を境に一気に印象が変わった。しかし、まだ若かった私。いろいろなことがわかって納得はしたが、「でも私にはできないな」と思ってしまった。

人に愛想良く話しかけ、仲良くするのは媚びているみたいで嫌だった。それは、「愛想が良く、どこに行ってもかわいがられていた○○ちゃん」になれない自分がずっとコンプレックスだったからだ。人付き合いがうまい人が仕事をうまくやっているのを見て、自分は実力で結果を出そうと思った。人とうまくやるのもまた大きな才能と実力で、それはどんな社会で生きていくにも絶対に必要なものだということにしばらく気づいていなかっただけだ。

今はそんな自分が恥ずかしい。人付き合いは、自分の意識さえ変えれば、難しくないし、どんどん楽しくなる。うまくやろうなんて思うからダメだったのだ。私は〇〇ちゃんじゃない。無理に同じようにしようとしたって、うまくできなくて当然だ。無理して笑うのではなく、無理して大きな声を出すのではなく、自分は自分のままで、自然に人と関われればいい。ちゃんと感謝の気持ちが言えて、人が嫌がることや不快に思うことさえしなければ、自然体の自分を受け入れてくれる人は絶対に見つかる。人に壁を作って居場所のなさにそわそわとしたり、嫌われないように言動に気を遣い過ぎて疲れるよりも、自然体の自分で誰かと笑顔で話し、自分の世界を広げる方が人生はずっと楽しい。

私がやっとそれに気づいたのは、親元を離れ、自分一人で責任を持って社会と真剣に関わっていくことになってからだ。

「人と人が気持ちよく」仕事をするため、ご近所付き合いをするため、子どもを介して付き合うためには、自然と笑顔や会話が必要になる。誰だって人から教えてもらうこと、助けてもらう場面は、必ずある。自分だけではなく、家族や子どももそうだろう。気持ちよく安心して生活をしていくために、人と人との繋がりを大切にする。それは決して媚びではない。

付き合う人の数が増えれば、人の目を気にしたり、嫌いな人ができたり、悪口に落ち込んだりすることもあるかもしれない。だけど、傷つくことを知らないと、人の気持ちを気遣ったり、人を幸せにすることはできない。世界は自分で広げないとどんどん狭くなっていく。「苦手だから」と人から逃げてばかりでは、新しい出会いも、助けも来ないかもしれない。世界は変化がなく、やがて動かなくなるだろう。

そうなる前に、思い切って勇気を持って良かったと思う。たった一つの勇気で始まる会話が、一生モノの自分の居場所、一生モノの付き合いができる人間と会えるチャンスかもしれないからだ。

4章　恋愛・結婚・家庭で悩んでいた自分にガツンと言いたいこと

ダメな女だったあの頃

イイ女ではなかったと思う。

外ではオシャレをしたいが家ではズボラ。多少の裾のほつれなら「私こういうこと気にしないから」と、わけのわからない言い分でそのままスカートを履き、忙しければ美容院も平気であとまわし。

実家生活が長かったので結婚するまでは料理も洗濯もほとんど親頼り。たまに作っても変なアレンジを加えて微妙な仕上がりに。お金の使い方も計画性がなく、その時が良ければ、残さず遊びや洋服に使ってしまう。仕事優先で予定を立てるくせに、好きな人に会えないとイライラしたり落ち込んだり。今でこそ旦那とはほとんどケンカもしないで楽しくやっているが、付き合っている頃はただ感情のままに言葉を投げつけたりもした。特に、大阪と東京での遠距離恋愛中、月一ほどしか会え

ない時期は、心が折れそうになっては泣いたり拗ねたり、面倒くさい女だったこともあるはずだ。

結婚してからは、料理や家事は頑張ったが、その分仕事に打ち込めなくてイライラした時期もあった。自分が決めてやっていることなのに、うまくいかないとなぜか旦那にまで腹が立つ。「やっとく」と言っていたのにやってない、など小さな約束を破られることが嫌いでいちいち指摘した。自分のダメなところはできたら見ないふりで許してほしいけど、相手には厳しい。

自分勝手で、感情にばかり振り回されていた、いろいろ下手くそだったあの頃の自分にガツンと言いたい。

「いつでもなれる女」になるな！

すっぴんで、だらしない体型で、不潔で不愛想な女には
誰だって、いつでもなれる。

少しでも遠ざかるために、みんな少しずつ努力している。

日々、美しくなるために努力している人にかなうはずがない。

自分はどうせこうだから、と**言い訳する前に**
一つでも努力しろ。

今までしてこなかったのなら、
その分**伸びしろが大きい**ということ。

少し変わるだけで、必ず今よりはキレイになる。

自分のカタチをはっきりさせろ！

カタチがない人は、他人に認識されにくく、崩れやすい。
「自分は、こういう人間です」
好きなもの嫌いなもの、良いところ悪いところ
自分のカタチを自分で作れ。
他人になんとなーく作られたカタチよりもしっくりくるし、
他人のカタチに合わせなくていいから楽でいられる。
自分のカタチがはっきりしている人は、人の目に留まる。
友だちも恋人も、自分が無理せず付き合える人が一番。

自分に合う人に出会いたければ
自分がどんな人間なのか見せればいい。

人と話すのが苦手でもいい、声が小さくてもいい、
それが自分のカタチならそれを見せればいい。
思ってもいなかったカタチの人と
ピッタリ合うことだってあるかもしれない。

怒りに任せて
ええことなんか一個もない！

「怒り」は強引でパワーがある。
時には、全てを壊してもいいように仕向けてくる。
だけど怒りに任せてはいけない。
怒りが放つ言葉は、大切な何かを傷つけたり、壊したりしてしまう。

信頼かもしれない。
誰かのプライドかもしれない。
子どもの小さな心かもしれない。

機嫌は直っても、関係は修復できても、
見えないところで、壊れたまま治らないものもある。

言ってはいけない言葉というものは、
どんな状況でも言ってはいけないのだ。

きっと、後で考えれば、そこまで怒らなくてもよかったことばかり。

初めての告白

人生で初めての告白は中学生。その結末は、「ただ首をかしげながら電話ボックスを出る」だった。

初恋は幼稚園の時。運動会のかけっこで好きな子と一緒に走ったが私のほうが脚が速かったので、ゴール寸前、テープの前で立ち止まり、2番手を走って来た好きな男の子を先にゴールさせてから自分もそっとゴールし、保護者の皆さんをどよめかせたことがある。男を立てるタイプの女だった。

小学校の時も好きな子はいた。しかし小学生のほとんどがそうであるように、お互いに好きだと知ってもどうしたら良いかわからず、卒業までただモジモジして終わり。

中学生になると新たに好きな人ができ、初めて告白をすることにした。相手は、席が近く、ふざけ合うことが多かった同級生の男子だ。お互いに「別にー」と言いつつ意識し合っているような、よくある中学生の男子と女子だった。そんな期間がそれなりに長く続いたが、自分が相手を好きだと自覚してからは、急激に相手の気持ちを確かめたくなり、友人たち（特友）に相談した結果告白する運びとなった。周りには告白をきっかけに付き合い出すカップルもチラホラと出ていた頃だ。しかし、面と向かって言う勇気がない。そこで、一番家の近い小学生からの友人（特友1号・漢字とキュウリが苦手）と、近所の公衆電話に夕方、待ち合わせた。携帯もない時代だ。こういう場合は公衆電話から、相手の自宅電話にかけるしかなかった。狭い電話ボックスに無理矢理二人でぎゅうぎゅうと入り、たくさん持ってきた十円玉を、緊張した指先で緑色の公衆電話の上に積み上げる。銀色のボタンをピー、ポー、パー、ピ、ポー……と押すと、ジジジ……という間があって、コールが鳴る。一回、二回、三回……。一回鳴るごとにどんどん高まる胸の鼓動。友人と顔を寄せ合い、ワンコールごとに鋭い目と口パクで「出た？」「まだ」「出た？」「まだ」「まだ？」「まだ！」と会話をしていると、ガチャ「はいもしもしー、@@でございます」という明るい声が耳に響いた。思わず切りそうになる。これは当時の「あるある」で、家電にかけているので十中八九母親が出るのは当たり前なのだが、それでもやはり好きな人の母親の急な登場にテンパって言葉が出ず、思わず切ってしまい、結果ただのイタズラ電話をしてしまう、という同志たちも多かった。そうなるとほとぼりが冷めるまで電話できないので、ここは勇気を出して声を出す。キョロキョロ動揺しつつも挨拶。何者か名乗って、相手が在宅かどうか尋ねた。電話口のお母さんは優しい声で「ちょっと待ってくださいね」と言い、私の好きな子の下の名前を呼んだ。もちろん鼓動は爆音。真横で嬉々とした目で覗き込む友人とまたも目だけで「おった？」「おったおった」「来た？」「まだ」「まだ？」「まだ！」と会話し、待つ。ガサガサと受話器を持ち上げる音。「もしもし？」いつも聞いている彼の声だ。

私がドキドキしながらギュッと握りしめるこちらの受話器には、誘拐事件を追う刑事のような顔で聞き耳を立てる友人の耳がぴったり張り付いていた。恥ずかしさで、友人からできるだけ体を離し、変な体勢で私はついに告白に向かって話し始めた。

「もしもし……私ですけど……ちょっと今時間いいかな？」

「うん、ええで。何？」

あ、警戒している。学校と全然違う。わかりやすいくらい警戒されている。私は怖くなって、どうでもいい学校の話をしてしまった。話は思わぬ方向にばかりいってしまい焦ったが、これが良かったのか段々と互いに緊張は解け、向こうも冗談を言ってきたりして普段のような感じになれた。気がつけば二十分くらいおしゃべりしただろうか。友人が横で退屈そうに「は・や・く」と口を動かすくらい時間はかかったが、楽しく笑い合って話したあとに、ぎこちないながらも、どうにかこうにか私は、想いを告げることができた。練習と同じようには言えなかったけれど、頑張ったと思う。相手もうんうん、と聞いてくれた。あとは私のこの気持ちを受け入れてくれるのか、断られるのか。緊張の沈黙。数秒後に、私は、返事を聞きこの胸を躍らせているか、痛めているか、どちらかだろう。お腹の底のあたりがドーンと重くなった。

「私と付き合ってくれる？」絞り出すように聞いた質問に、返って来た答えはこうだった。

「あ、今、ゴハン、食べてるから」

「えっ？（ゴハン？　ゴハンってご飯？）」

パニックの私は「え？　あ？　そうなん⁉　ごめんごめん！　じゃあ切るわ、ごめんな」と慌てて緑色の大きな受話器を置いた。ジャラジャラジャラン！　と友人が追加してくれていた十円玉が返って来た音だけが響く。「え？」片手は受話器に置いたまま、片手で口を覆った。

（いや、早よ、言えよ……！）

おしゃべり盛り上がってた時も、告白してる間も、もしかして片手でお箸握ってたん？　え？　なんで？「今いい？」って聞いたよな？　ゴハン？　ほんまにゴハンって言うた？　え？　ていうか、これって何？　フラれたん？

「なんてなんて⁉」私の背中の方から、友人が身を乗り出す。

「ゴハン食べてる、やって」

「……はぁ!?　今言う？　先に言うといてよなぁ！」

（うん、ほんまや。え？　もしかして暗号か何かなの？　ゴハン。これは、どう捉えたらええんやろ？　フラれたんか？　これってフラれたってことか？　えー？　理由は？　えーと、ゴハン食べてるから。いや無理無理。どう受け止めたら良いかわからん！）

混乱した。せめて、ダメならダメで、何か理由が欲しかった。「ゴハン食べてる」以外の理由なら、なんでもいいから。悪い結果の心づもりはしていたが、この想定はしていなかった。なんかみじめで泣きそう。そう思ったら鼻の奥から嗚咽が込み上げてきそうになる。ふえっ……置いた受話器から手を離せないまま、少しずつうつむいていく私の背中に、特友1号はそっと手を置き、しばらく優しく見守っていたが、おもむろに「なぁ、ゆき、さっきからずっと気になってたんけど、今日焼きそばU.F.O食べた？」と言ってきた。

「えっ？」

朦朧とした頭で、（焼きそばU.F.O？　今焼きそばU.F.Oって言うた？　私、今、人生初の告白してわけのわからん理由でフラれてすぐに、焼きそばU.F.O食べたかどうか聞かれてんの？　なんで？　でも確かに、さっきおやつ代わりに食べて来た……でも今？　今それ言う？）

腹が立つので「うん」と適当に頷き、再度泣きに入る態勢になったところ、「やっぱり！　食べたやろ？　なんかさっきから焼きそばU.F.Oの匂いがすると思ってん！」と当たったことが嬉しそうな友人。今まで泣きそうだった気持ちは、焼きそばU.F.Oのことでいっぱいになる。（なんじゃそれ！　新手の慰め方か？　いや斬新すぎるやろ！）（せめて「今言うことちゃうかもしれんけど……」ってつけろや！ほんでさっきから焼きそばU.F.O焼きそばU.F.Oってなんでフルネームで言うん？　U.F.Oでええやん。もしかして「U.F.O食べた？」だけ言うたら、私が宇宙人の乗ってるやつの話してると思っちゃうかも、って気遣いか？　思うか！　そっちの気遣う前にタイミング考えろよ！）とイライラし、涙が急速に乾いてしまった。

最終的には「なんか焼きそばU.F.O食べたくなったわ」というアホな友人の言葉に、スッと真顔になって首をかしげながら狭い公衆電話ボックスから外に出た。

もう少し私が人生経験を積んでいれば、冷静に「彼は親が近くに居て話しにくいのでそう言ったのかな」とか「友人はわざと奇天烈なこと言って話をそらしてくれたのかな」とか、他人の気持ちを汲み取ることができたのかもしれないが、まだまだその頃の私は自分のことに必死過ぎて余裕がなかった。ドラマとかだとこういう時、「ぷっ……もう何それ……あは、あはは、もう！　泣こうと思ったのに泣けないよ！」と笑い合って、でっかい橋の上から「あーあ！　フラれちゃったー！」って叫んで終わりなのかもしれないが、実際に真剣な場面で変なことを立て続けに言われると、脳が対処できずに真顔になるということがわかった。

後日聞いたら、彼は本当に食事中だったらしく、フラれたわけでもなかった。家族団らんで食事をしている途中に告白されるとは心中お察しする。さぞかし地獄だったことだろう。それからは夕飯時の電話には特に気を遣うようになった。あとはまあ、あの時、友人がいてくれて良かったと思った。という話。

欠けている部分が
人間の面白味。

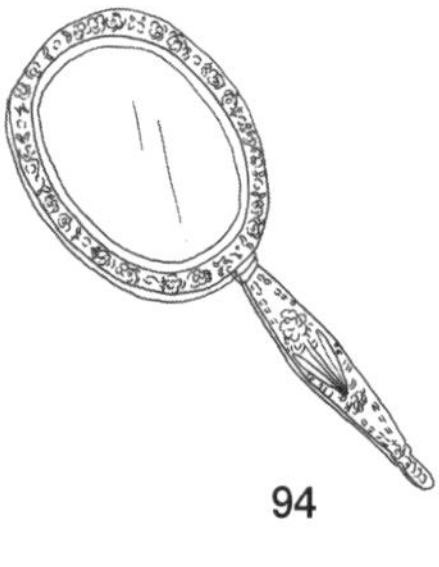

完璧なんてそもそも無理で、
完璧な人間なんていてもおもしろくない。

どこか足りない、どこか惜しいのが人間のいいところ。

欠けている部分がその人の魅力。
欠けている部分の話をして、
初めて人と深く付き合えることもある。

相手の欠けている部分を指摘して責めても仕方ない。
欠けている部分の大きさも形も人それぞれ。

お互い足りない部分をうまく補い合って、
一緒に生きていけばいい。

幹は太く、枝は細く。

幹とは、これだけは譲れないという部分。
しっかりと根を張って、太く強く
絶対に折れてはいけない。

幹さえしっかりしておけばいい。

それ以外の部分は、相手によっては

時にはたおやかにしなり、
時にはポキポキと折れてもいいように
細くあれ。

相手もきっと、折れた枝の数は多い。

母はハハハ、家庭の太陽。

母は、
家の中全体の雰囲気を、家族の心の安定を
左右する大きな存在。

母が落ち込むと、家庭は暗い。
母がいつも笑っていると、家庭は明るい。

太陽の様に、その家庭を照らすのが
母の笑顔。

だから**母はたいていのことは**
ハハハ、と笑い飛ばして
家族に暖かい光と、温かいゴハンを提供する。
それだけで、家庭は安泰。

スパゲッティと友達

先にも出てきた、私の幼馴染でイキリラインであり、特別な友達3人。

この3人に頼まれごとをされた記憶はほとんどないが、いつか何かを頼まれたなら、自分のできる限りのことをする覚悟でいる。もし、このうちの誰かに「お墓に入れてー」と言われたら「しゃーないなー」とパカッと入れるレベル。

それは「友達だから」だけではなく、3人それぞれが今まで人生の大きなポイントで私を助けてくれたからだ。

そんな3人のうちの一人は、早くから大阪を離れ、東京でバリバリ働いていた。数年間はほとんど会えなかったが電話では話していたし、私が結婚して東京にやって来たことで、また昔の様に頻繁に会うようになる。

まずここで、勝手のわからない東京での生活を随分助けてもらった。一緒にデパートに化粧品を買いに行ったり、かわいい雑貨屋さんを教えてもらったり、日帰り温泉に行ったり、互いの家で料理を作ったり。大人になってもまるで小学生の頃の様な頻度で遊んだ。楽しかった。東京には旦那以外、ほとんど知り合いも友人もいなかったので、この時期に彼女がいなかったら、きっと一人寂しい日々を過ごしていただろう。しかも旦那以上、家族以上に私の悪いところまで知ってくれている数少ない存在である人。彼女がいてくれて、どれだけ心が救われたことか。

そんな穏やかな日々の中、やがて私は待望の命を授かる。妊婦となった私は、「食べづわり」というものに襲われた。ドラマなんかでよく見る、食べ物を見て「うっ」とか言いつつ口元を押さえて駆けていくようなかわいいのではなく、空腹になると急激に気分が悪くなり「うえっ！」となってしまうのだ。少しでもお腹が空くとやってくるので気が抜けない。常に食べていなければ気持ち悪い。食べてさえいれば平気なのだが、常に食べているわけにもいかないので、電車に乗る時などはバッグにスティックパンを忍ばせておき、限界まで耐えて吐きそうになったら、こっそりモグモグしていた。端から見たら「え？　気持ち悪いの？　え？　吐くの？　いや食うんかーい！」である。そんな時期も彼女はよくサポートしてくれた。

そして次に私にやってきたのは、妊婦にたまにある「特定の物が無性に食べたくなってもう何が何でも食べるまで我慢できへんやつ」。産院の母親学級でも、医師への質問会で色んな妊婦さんが「最近、『モヤシ』がすごく食べたくて、3食モヤシしか食べていないのですが大丈夫でしょうか」だの「マッ○のポテトが無性に食べたくて夜中でも買いに行ってしまいます（これが多い）」だの飛び交っていたくらい、特定の妊婦には「あるある」らしい。まだつわりもきていなかった私は「へ〜、でもモヤシやポテトならいつでも買えるからいいけど、それが燕の巣とかキャビアやったら大変やな〜」なんて他人事として片づけていたのだが、その数カ月後、それは突然やってきた。本当に、自分の脳が乗っ取られたかのように、強烈な食欲で理性を支配され、ただただ「その食べ物」のことしか考えられなくなるのだ。

「うぅ……大阪市北区の中◎商店街の、ある特定のスパゲッティ専門店の、ある特定の味（和風ツナ・海老トッピング）が何が何でも今食べたいぃぃい！！」

めちゃめちゃピンポイントできた！　大ピンチ！　なぜならあの味は、あの店以外で食べたことない！　当たり前や、だから長年人気があるんやから！　ヤバいヤバい食べたい食べたい！　でも今は大事な時期、少し切迫早産気味で不安定と言われてるし、東京から大阪まで長旅はできない！　どうしよう、どうしよう！　しかし止められないこの「ある特定の食べ物」への強すぎる欲求！


私は3人の特友のうち、大阪にいる2人にすぐに助けを求めた。

最初は「なんでわざわざあのパスタなん」と笑っていた2人も「笑いごとやないねん本気で食べたいねん、頼むわどうにかして、ほんでパスタやないねんスパゲッティ専門店やからスパゲッティやねん！」という私の鬼気迫る声に、ただ事ではないと思ったのか、なんとかしようと手を尽くしてくれた。「空輪でもなんでもいい。空港ですぐ食べるから一番速いので頼む」という私のお願いに、まず一人がお店に連絡してテイクアウトの有無を聞くが衛生面でNG、一人は店に事情を詳しく話し

（話すな）、自己責任でお皿を持っていくから乗せてくれと直談判（その皿を持って新幹線という大作戦）するが断られ、最初の一人は「こうなったら、普通に客のフリしていって、こっそりジップロックに詰めてくるわ」とまで言ってくれたが、それはやめてくれ（さすがに嫌）と私が止めた。

もちろん、私もただ待つだけではなく、自分なりにあの味を再現しようと材料を揃え、毎日試みたが全然ダメ。あの独特の味は出ない。しかもそんな中途半端なものを食べたことにより更に欲求は高まるばかり。夢にまで出てきた。もうダメだ。八方塞がり。万策尽きた。諦めるしかないのか。あぁ、こんなに食べたいのに……！　なんで、なんで私はモヤシやないんや……なんでいつでも買えるモヤシや、マッ◯のポテトやのうて、大阪北区の中◎商店街の、ある特定のスパゲッティ専門店のある特定の味（和風ツナ・海老トッピング）なんやぁあ!!　と涙が出た。ホルモンバランスが崩れて情緒が不安定だったのだろう。

3人のうちの最後の一人、東京にいる例の彼女には、言ってもどうしようもないことなので話してなかったのだが、ちょうど遊びに来た時に「そういうわけで、あの店が東京に支店出してくれるまで待とうかな……無理か、思い切り個人店やし、ハハ」なんて打ち明けると、「それって××のスパゲッティ？」そう、そのお店のパスタじゃなくてスパゲッティ。まあ彼女も地元が同じなので知っていて当然だろうがスパゲッティと言ってくれたことが嬉しく、ブンブン頷く私に、彼女は信じられないことを言った。

「なんで早く言わへんの。あれ、私作れるで？」

「は？」

「私あそこのスパゲッティにめっちゃハマった時期があってな。でも難しいねん、隠し味があるから」

「つ、作れるん？　なんで？　お店の人に習ったん？」

「ううん、どうしても作りたかったからな、めちゃめちゃ通って厨房の見える席から作り方を毎回じーっと見ててん」

どえらいやつがおったーーー！

大好きな味を自宅でも味わいたくなった彼女は、一人で頻繁に店に通い、ひたすら店主の手元を盗み見し続けたのだという。寒い日も、暑い日も、試作しては通い、作っては通い……よく考えたら怖い！　ちゃんと味を盗もうとしている！

冷蔵庫を覗き材料を確認すると、彼女は笑顔で振り返った。

「今、作っ」「作って!!」超食い気味で叫ぶ私。

玉ねぎのむき方が異常に速くて上手いので、なぜか聞くと、その店に通って見ているうちにプロのむき方を習得したそうだ。恐るべし、盗み見！　よく映画とかで弟子に「見て盗め」と師匠が言ってるけどあれって大事なんだな！　そんなことを考えていると、数分後、私の目の前にはホカホカと湯気を上げるスパゲッティが、夢にまで見たあの姿のまま、『マッチ売りの少女』のごちそうのように現れた。ぁあ夢にまで見たこれ。消えてしまわないうちに、急いで食べねば。

ニンニクの香りに食欲がそそられる、醤油ベースのスープスパゲッティ。上に乗った海老と海苔とワサビを崩しながらフォークを入れると、ツナと玉ねぎがうまく麺にからんでくる。口に入れると全ての旨みが合体し、ワサビの風味がツーンと鼻を抜け、海苔の上品な香りが広がる。麺の茹で加減も絶妙だ。「これこれこれ!!」

完璧だった。さすが弟子！（不認可）

こうして私は、食べたいものを熱々の状態で食べられた幸福感と満足感で、全身がうち震えるほどの感動に包まれたのだった。

素人が情熱だけで人気店の味を盗み、その味を再現するのもすごいが、そんなことを知らない遠い地でその味を猛烈に欲する私が、その味を完璧に再現できる彼女とたまたま東京にいたこともすごい。偶然なのか必然なのかわからないが、とにかく彼女に心から感謝した。その後、彼女は大阪へと転勤になり、楽しかった東京生活は終わってしまったのだが、ちょうど私も子育てに必死で、前のように頻繁には遊びに出られなくなった。

「もしかして彼女は、私に今日このスパゲッティを作るために、数十年前、友達になってくれたのかな？」

あの日、彼女の作ったスパゲッティを頬張りながら思った。そんなことを一瞬でも本気で思うほど、不思議で幸福な体験だった。

でも思い返せば彼女に助けられたのはこの時だけじゃない。小学生の頃、私が文房具屋で五十円が足りずに半泣きだった時には五十円を貸してくれ、大人になって入院して落ち込んでいた時には、仕事の帰り、疲れているのにほぼ毎日病室に来てくれた。

彼女以外に今回奔走してくれた2人もそうだ。どれだけ離れていても、いつも私の見えない支えとなってくれている。私は少しでも彼女たちを助けることができているのかな。私もいつか、彼女たちの、家族の、誰かのそんな存在になりたい。娘たちのためにスパゲッティを茹でる度に、思い出してはそんなことを思う。

そして、あれだけ完璧にできるんなら、東京でスパゲッティ専門店出したらよかった！……とも。

5章 つらかった自分に ガツンと言いたいこと

不幸だったあの頃

「つらいことの後には、必ず幸せがやってくる」

よく言うこれを、私はあまり体験したことがなかった。むしろ、「つらいことが起こった後はつらいことが続く」というほうが多く、嘘ばっかり！　と思ったこともあった。しかし、ある時やっと気づいた。

今まで「おーい！　この前のつらい分の幸せまだきてへんぞー」と待っていたが、きていないのではなく、探していないだけだった。幸せは、家で待っていたらポストに届けられるようなものではなく、自分で探して気づかないといけないものだったのだ。

とてもつらいことがあり、毎日そのことばっかり考えて悲しくなった。

いつまでこんな思いをしたらいいのか、いつになったら終わる日がくるのか、一体どうしたら忘れられ、幸せになれるのか、考えたが、答えは一つ。

そうやって、自分がつらがっている限りは、永遠につらいのだ。


つらさを強く強く握りしめているのは自分の手で、自分が手放さない限り、ずっと不幸は傍にいる。つらいことがない人生なんてきっとない。

それをどう受け止め、どう自分の中で折り合いをつけ、そっと手放すのか。手放すことは、忘れることではない。大切なものだけ残せばいいのだ。

毎日つらいことを思い出し「つらいつらい」と生きようが、起こったことは戻らない、と開き直って小さな幸せをたくさん見つけて生きようが、時間は同じように過ぎていく。


それに気づかず、自ら不幸な日々を送っていたあの頃の自分にガツンと言いたい。

ぶつかる波を振り返るな。

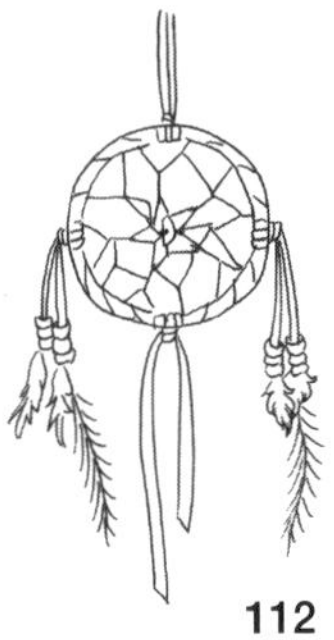

全体の大きささえもわからない海でも、
強い目的を持って進むから、たどり着ける。

ずっと波のない海なんてないように、**生きていれば波はくる。**
大きかったり、小さかったり、
時々きては体にぶつかっていく波を
いちいち振り返っても仕方ない。

自分が強ければ、波は壊れる。
目的地さえしっかりしていれば、どんな波にも流されない。
その時は痛くてもつらくても、ぶつかれば去っていくただの波。
その場には決して留まらない。
だから振り返らずに、目的の場所へ急げ。

「誰も助けてくれない」

と言う前に、

「助けて」と叫べ。

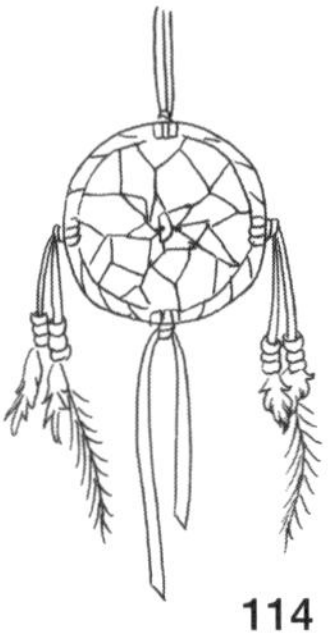

味方がいないと思うのは、
助けを求めていないからかもしれない。

しんどい時、つらい時、わからない時は、
助けてほしい、と言ってもいい。

言わないとわからないこともある。

他人に察してもらおうなんておこがましいと思え。

思い切って声をあげれば
案外すぐ傍や、意外と遠くからも、
味方は現れる。

迷ったら、
前と後ろを見ろ。

人生で迷った時は、まず前を向き
自分がこれからやりたいこと、なりたい自分を見る。

そして振り返り、
自分がこれまでやってきたこと、
積み上げてきたものを見る。

それから、自分が今立っている位置を見て確認したらいい。

前と後ろの直線が、大きくズレていないか？
足元がグラついていないか？
立っているのがつらい場所ではないか？

気づいたことは、修正したらいい。

悲しいことばかりを
見るな。

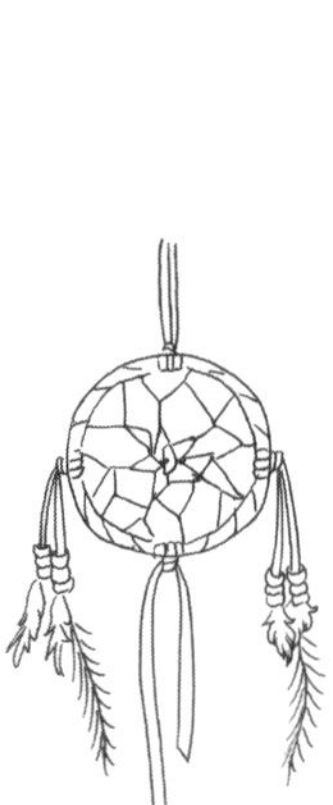

悲劇のヒロインは、視野が狭い。
悲しみに没頭しすぎると、自分のことばかりに必死になって
大きなことを見逃してしまう。

悲しいことの陰には
実は嬉しいことが隠れていることがある。

そこに、気づくか気づかないかだけで、人生は大きく変わる。

例えば、
自分のために時間を割いて話を聞いてくれた人がいる。
自分と一緒に悲しんでくれた人がいる。
自分のことをあらゆる言葉で慰めてくれた人がいる。
ハンカチを貸してくれた人も、
元気づけるために会いに来てくれた人もいる。

これだけ嬉しいことに気づけたら、悲しみは薄まる。

口角下げるな、
頭下げろ。

口角を下げて
人の悪口と愚痴ばっかり言っている人は
自分から不幸不幸と嘆いているようなもの。

そこに大きな幸せは寄り付かない。

「ありがとう」と、
いつも頭を下げている人は、
幸せを見つけるのが上手。
小さな幸せもたくさん見つけられるから、いつも幸せ。

男でも女でも、若くても年寄りでも
もしも自分が一緒に居るなら、どちらといるのが幸せか考えろ。

「うらめしい」と
「うらやましい」は
ダークサイドへの合言葉。

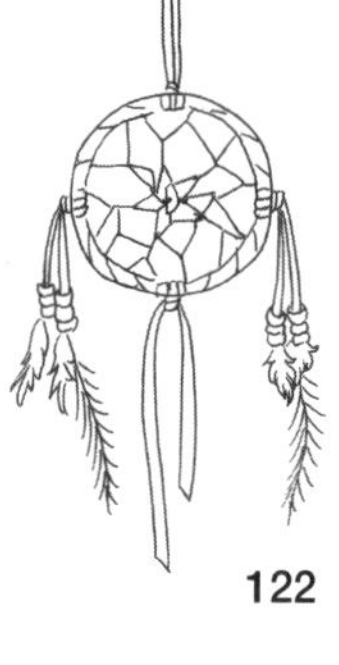

もしも人を嫌いになっても、憎んではいけない。
どうしても憎いと思っても、恨んではいけない。

「いいなぁ」と思っても、
過剰に羨ましがってはいけない。

憎しみが恨みになった時、
羨望が妬みになった時、
それは大きな鉛の重りとなって自分の首にぶら下がる。

一つでも、人生を暗く重いものに変え、
足元すら見えなくする。
強ければ強いほど、思考を支配され
前にも後ろにも進めなくなる。

せっかくの人生を、
他人への負の感情なんかで止めるな。
そんなものさっさと捨てて、人生を取り戻せ。

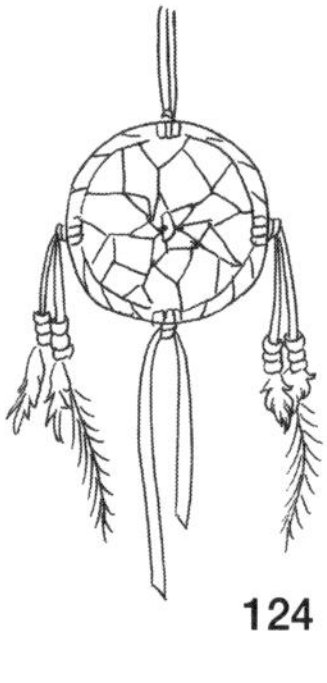

ガッツン

無視

突然やってきた。小学4年生の時だ。

毎日楽しく通っていた学校が、つらい場所になった。

あとでなぜあんなことをしたのか聞いたら、彼女は少し考えて「幸せそうやったからと思う」と言った。


クラスの一部の女子に一斉に無視をされていたことがある。一番強い女子に嫌われたのだ。強いと言ってもケンカが強いわけでも体格が大きいわけでもない。なんだかおもしろそうなことを思いつくのが上手で、有無を言わさず人を動かすことに長けている、クラスに一人はいるタイプ。当時はその子がクラスの女子のルールで、彼女が言うことは絶対だった。

それはある日、ふわっと始まった。昨日まで楽しく話していた一部の子たちが、そのリーダー子とヒソヒソとこちらを向いて何か話し、私と目が合えば逸らすようになった。やがて、そのグループと仲が良いグループの女子も私を避けるようになった。近寄っていくと、「あっち行こー」と走って行ってしまう。最初は、なぜそうなったのか見当もつかず戸惑ったが、自分に向けられている敵意のある視線や、わざとこちらを見ながら数人でコソコソ話してはドッと笑ったりするのを見て、理由は関係ないと思った。ただ、「あぁ、嫌われたんだな」と。今までもリーダー子とその仲間が違う子にそういうことをしているのを見たことはあった。それにも特に理由はないように見えた。「なんかムカつく」そういうことだ。

次に、授業中にコソコソと女子がメモを回すようになった。メモには小学生女子特有の丸っこい字で「女子は全員見ること！（ゆき以外）」と書かれていた。「ゆき」とは私のことだ。それが友達がいた時の私の呼び名だった。なぜ私がそのメモの注意書きを知っているかというと、そのメモは授業中先生が黒板を向いた隙に、順番に女子が読んでは前から後ろへ回していくので、当然私にも回ってくるのだ。初めて見た時はショックだった。中身は想像がつく。悪口とリーダー子からの指示だろう。周りの女子に見られている気がして、冷静を装った。注意書きに従って中身を見ずに、後ろの人に回した。手紙という動かぬ証拠もあるのだから、この時に泣いたりわめいたりして大事にしてしまえば良かったのに、と今なら思う。しかし、そんなことはできなかった。怖いのもあったが、何より「自分が嫌われている」という事実がこうしてクラス中に広まっていくことのほうが、どうにも恥ずかしかった。

そしてそのメモはついに体育の時間にまで、ついに男子にも届くようになった。悪い状況は少しずつ範囲を広げゆっくりと私を取り囲んでいった。

加担していなかったおとなしい女子や男子もいたが、用事があって私に話しかけるだけでも、リーダー子グループに「えー？」と笑われたりするので、みんな恥ずかしそうに離れていった。私も、迷惑をかけないように誰にも話しかけなくなった。完璧な「孤立」が完成した。

一気に「そういう空気」がヌゥーっと、教室に漂い出したのを私はしっかりと感じた。同時にまるで、私の周りからゆっくりと空気がなくなっていくように、緩やかに息苦しくなっていった。

暴力を振るわれるわけではなく、落書きされたり物がなくなるなどのわかりやすい嫌がらせをされるわけでもない。人に「無視」されるだけ。誰も遊んでくれない。目も合わせてくれない。誰も名前を呼んでくれない。それが「普通」になっていった。他は何も変わらない。だからだろう、先生も気づかなかった。みんなはそれぞれ学校生活を楽しんでいた。元気に登校し、友達と笑い、学び、一緒に音楽室やトイレに行ったり、男子とふざけ合ったり、友達と賑やかに帰っていった。羨ましかった。そこから私だけが消えてしまった気がした。これは地味に堪えた。「いじめられている」という感覚ではなく、自分の居場所は「どこにも」「1ミリも」ないんだよ、と拒否され続け、ただただ自分は嫌われているんだな、としみじみ納得しなければならない日々。それはつらいものだった。

しかし、プライドが高かったのか、悔しかったのか、泣いたり困っている感じを絶対に出してはいけないと思っていた。親にも相談せずに、ただただ黙々と粛々と毎日学校に通っていた。というより、どうすればいいのかわからなかったのかもしれない。早く過ぎないかな、時間。早く終わらないかな、学校。早く学年上がってクラス替えしないかな。早く中学生に、いや大人にならないかな。そんなことを考えて一日を過ごしていた。一人で立ち向かったり争ったりする気はなかった。その代わり、「今」を丸ごと諦めることで、なんとか凌ごうとしていた。

彼女たちにとっては一種のゲームだったのかもしれない。周りの子達の中には嫌がっている子もいたと信じたい。同調は安心。同化はもっと安心。「ひどい」と感じても、やられているのは自分ではないという安心が勝ってしまう。私にも、そうやって自分を守った経験があるからわかる。悪いことと知っていても、どうしても言えない時があるのだ。

無視されていた期間は覚えていない。

一日がものすごく長くは感じたが、日数はそんなに長くはなかったと思う。

数週間ほどの短い間だったのかもしれない。

そしてそれは突然始まったように、ある日突然終わった。

体育の授業の前だった。

私の教室は女子専用の着替え部屋だったので、そこには女子しかいなかった。みんなはグループごとに集まって談笑しながら着替えていたが、壁際に沿うように陣取っていて、私の着替える場所は部屋の中央しかなかった。仕方なく各々楽しそうにおしゃべりしている女子に取り囲まれるようにして、着替えだした。中央で着替えていたのは私だけだった。誰も話しかけてこないくせに、誰もが一人で着替えている私をニヤニヤしながら見ている気がして、悔しかった。早く終わらせようと体操服の上着を被って顔を出したら、背の高い2人の女子が立っていた。同じクラスの子だ。リーダー子の多勢のグループとは違い、よくその2人で遊んでいた。私も一緒に遊んだことがある優しくていい子たちだった。無視されている時も、いつも遠巻きに困ったように見ていた。

すごく真剣な顔で私の前に寄り添って立つ2人。何も言わないが、並々ならぬ決意を感じた。私は驚き戸惑ったが、その決意が何なのかその時はわからず、黙って着替えを続けた。リーダー子が見ている。意地もあった。

すると、じっと立っていた2人の内、一人が、私の目を見て言った。

「一緒に着替えよう？」

私が「えっ？」と聞き返すと、その子は私の顔を見たまま、ぽろぽろ泣いた。

他の子も見ていた。リーダー子たちはわざと大声で違うことでふざけ出した。

なんで泣くんやろ？　私じゃないのに。私泣いてないのに。

と、思ったら、私も泣いていた。泣きながら、久しぶりに友達に話した。

「ありがとう」

涙がボロボロ出てきたので、声はすごく震えていた。

その瞬間から、私はその子とずっと友達だ。

その日から、2人は毎日私といてくれた。教室の「そういう空気」が崩れた。

あっという間に周囲も前のように戻った。何事もなかったように話しかけてくる子もいれば、「無視してごめん」と言ってくる子もいた。新しい友達もできた。運動神経がめちゃめちゃ良くて、さっぱりしていてまるで男子のような女子で、山猿のような子だったが、おもしろくていい子だった。帰ってからも毎日みんなで遊んだ。友達はどんどん増えていった。リーダー子のグループだけは相変わらず私を避けていたが、もうそんなこと関係なかった。楽しい学校生活が戻った。私は2人に感謝した。

一度諦めかけた心がどんどん元気になっていく。これからの人生でできる友達を絶対に大事にしよう、そう誓った。そしてこの頃、今までだと絶対に遊ぶことのなかったいろんなタイプの友達と接したことで、私の生き方は変わった。

私という人間は一人なのに、私を嫌う人も、好きになってくれる人もいる。世の中には、いろんな人間がいるってことだ。中には、変な奴もおかしい奴も攻撃してくるやつもいる。おとなしいだけでは生きていけないんだ。

それからは、たくましく、強く生きていこうと決めた。自分で自分を守って、友達も守りたいならもっと強くなろう。もう無理だと思うようなつらいことがあっても、またこうやって楽しい日はくるんだから。

そんな時、リーダー子が、突然引っ越すことになった。

両親が離婚して、母親と引っ越すらしい。後で聞いた話では家庭の借金も多く、リーダー子の母親は私の母にもまとまった額の借金を申し込んでいた。私は何も知らなかった。私を無視している期間も、家庭は相当荒れていたに違いない。少しだけ、同情したが、納得はしなかった。

リーダー子が去ったクラスは平和だった。しかし、まだリーダー子のグループだった子たちがいた。リーダー子ほどではないが、まだ私を避けていた。私たちも、リーダー子がいなくなったからといって急に仲良くできるわけもなく、お互いなるべく目を合わせないようにしていた。その中に一人、以前は副リーダーのような位置だった子がいて、今度は彼女がクラスの女子の中で目立ち始めた。私を嫌っているようだった。相変わらず彼女からの無視は続き、このまま新たなリーダー子になろうとしているようにも見えた。その子は周囲に高圧的ではなかったが、みんな陰ではまたあの恐怖政治が始まることを恐れていた。これは早いうちになんとしても止めなくてはいかん、でも話し合ってもきっとわかってくれないだろう。そう思った私は、計画を立てた。ひどいかもしれないが、私は自分がやられたのと同じ方法で仕返しをすることにした。ただし、一日だけ。

みんなが楽しみにしている校外学習。プラネタリウムを見に行ったその日、女子は彼女を無視した。最初は笑顔ではしゃいで周りに話しかけていた彼女も、誰も見向きもしないので不思議そうだった。私は笑いもせず、複雑な気持ちでただ見ていた。状況を把握したのか、彼女の顔から表情が消えた。校外学習という一大イベントの日に、誰とも話せず大きなショックを受けているのは明らかだった。彼女は、最後は口を一文字に結んで黙った。そして帰りの時間。少しうつむき前髪で顔を隠して帰りのバスを一人で待つ彼女に、私は話しかけた。

「そんな気持ちやってん」

彼女はできるだけ普通に「うん」と言った。漫画やドラマみたいに泣いて謝ってきたりはしなかったけど、泣くのを我慢しているのがわかった。私は「じゃあ、もうやめよ。一緒に帰ろ」と言った。彼女は、また普通の顔で「うん」と言った。

私と彼女は、話してみたらとても気が合った。お互いに無視をやめてから、残りの小学校生活、中学校生活、毎日のように会ってしゃべっていた。

あれから35年以上経つが、彼女は今も変わらず私の特別な友達、あの3人のうちの一人だ。私が東京に住んで何もわからない時も、私が人生で一番つらかった時期も、側で支えてくれた。妊娠した時には、ある特定のスパゲッティを作ってくれた。人生で何度も私を助け、今もかけがえのない存在でいてくれている。


特友3人のうちもう一人は、体育の着替えで声をかけてくれた子。昔から、漢字とキュウリが苦手。私の人生初の告白の時も一緒にいてくれた。鼻が利いて、思ったことを思った時に言う女だ。あの時、体育の前、私に声をかけてなぜ泣いたのか、と後に聞くと、「ゆきが、一生懸命泣くのを我慢してたから」と言った。彼女とも青春のほとんどの時間を共に過ごした。

私は、今もこれからも、彼女に何かあれば全力で助けるだろう。たとえば彼女がどんなことをしてしまったとしても、この気持ちは変わることはない。あの時、私に声をかけてくれた。その一つの出来事で小学生の私は救われたからだ。

3人目。最後の一人は、山猿のような子。素早く動けてバスケもサッカーも上手くて、よく男の子と遊ぶ、男みたいな子だった。一般常識をあんまり知らないアホな子だけど、おもしろかった。勉強していなかっただけのようで、後に勉強をし出すとぐんぐん賢くなっていった。この子とは、十代の時にコンビを組んで漫才をした。一緒に吉本興業の養成所に入って芸人になった。この時の夢は叶わなかったけど、お互い楽しく生きているし今も仲良くしている。

つらい時は、離れて暮らす彼女たちを思い出す。

つらくて立ち上がれない日もある。人に弱く見られたくない時もある。

でも、つらいなあ、と思ったら、信頼できる人には「つらいわあ」と言えばいい。
「つらいわあ」と一緒に涙が出るかもしれないが、少し楽になる。

悲しいことやつらいことに、いつまでも縛られることはない。
後ろに、新しい幸せはない。明日の幸せがあるのは前だけ。
幸せになることを辞めた時点で幸せはこない。
小さな幸せでも、見つけ続けていたら目の前は幸せだらけ。それは自分次第。
最初は無理でも、立ち上がれそうな時がきたら、思い切って立ち上がればいい。

6章　これからの自分にガツンと言っておきたいこと

これから

今日の自分は、昨日までの自分の「結果」だ。良くも悪くも何かに結果として出ている。

生活や食生活が顔や体に出るように、日々続けてきたこと、心がけていること、やめられないこと、頑張っていることは全てどこかに結果として出ている。

もしも今、悪い結果が続き、今の自分にうんざりしているところがあるのなら、今日の自分を変えるしかない。まずは変えようと本気で思うこと、それが大切なのだ。

自分の悪いところを直すのは難しいけれど、小さなことならできる。

知らなかったことを知ること。やらなかったことをやること。それだけでもいい。

後ろの人を気にしてみる、新しい服を買いに行く、親に電話をかけてみる、人付き合いを楽しんでみる、たまには優しく折れてみる、つらさをそっと手放してみる。

今日の自分が何かを一つ変えれば、明日は少しずつ変えていくことができる。

どんなに今しんどくても、どんなに楽しくても、明日からそれが続くわけではない。


他人や周りは変えられないかもしれないが、自分の考えや気持ちは自分が自由に変えられる唯一のもの。誰にも変えられない、自分で変えるしかないのだから。

今までも一日として同じ日はないように、今後やって来る明日は、気持ち一つで大きく変わる。だからまずは、今日を良い日にしよう。


小さな変化を重ねていくこれからの自分にガツンと言っておきたい。

バスボムはすぐ使え！

いただきもののフレッシュフルーツのバスボム。
カラフルな入浴剤、特別な日の前に入れようかな、
なんて、取っておくと忘れて期限が切れる。
楽しみだったはずの気持ちも一緒に捨てる時の虚しさ。

期限切らすくらいなら、なんでもない日に使え！

なんでも、いつでも楽しめるとは限らない。
なんだってその気になればいつでも始められる、とは限らない。
悲しいことに、何にでも期限がある。

南の島で小さいビキニではしゃぐ気力と体力があるうちに、
スノボでパウダースノーを舞い散らせる脚力があるうちに、
どこにだって行けばいい。
気持ちをいつか捨てないといけないことがないように

やりたいことは、できるうちにやれ。

ポイントに
人生を縛られるな！

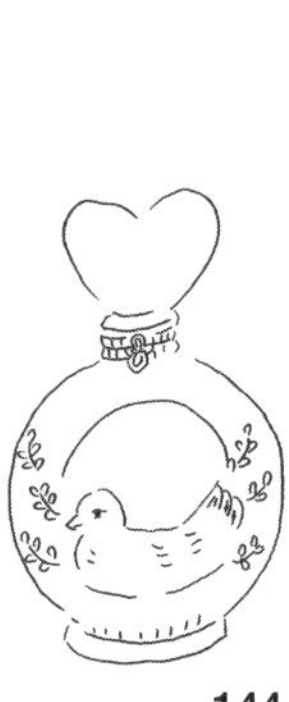

ほぼ行かないお店のポイントカード、
貯めてもそこまでお得じゃないポイント。
なんでもかんでも貯めていては、それに縛られてしまう。

パンパンで重い財布、
レジ前で見つけ出して取り出す苦労と時間。

そしてポイントカードを忘れた時の、謎の敗北感と絶望感。
（た、たこ焼きのポイントカードがない……！）

長い目で冷静に見てみると、心はそんなに得していない。

その時間とパワーを他のことに向けて、
ポイントカードは本当に貯めるべき枚数に整理し、

少し身軽になるほうが、人生、お得かもしれない。

言葉と行動はシャケと思え！

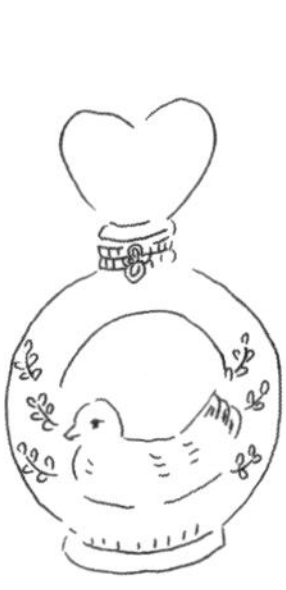

私たちは日々、たくさんの言葉を流している。
そしてその言動と行動は、必ず自分に返ってくる。
良いことと悪いことだけではなく、
無理も、見栄も、悪口も、見て見ぬふりも。

自分の元に
ある日突然、ただいま、と帰ってくる。

川を下り、海を渡り、巡り巡って忘れた頃に姿を変えて、
大きくなって帰ってくることもある。
だから、一つ一つの行いに気をつけなくてはならない。

良いことが大きくなって、たくさん帰ってくるように
みんなが気をつけたら、世の中はもっと優しくなる。

今日の一番、できたら祝杯。

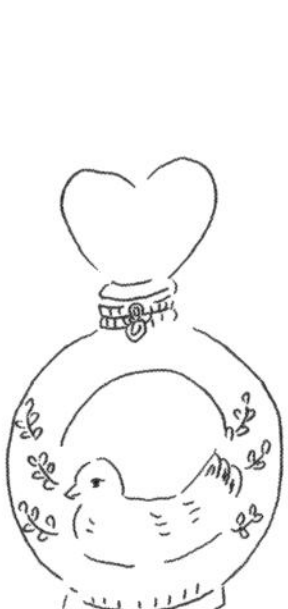

目標の仕事量。
家庭と仕事の両立。
子育て。
できれば立派だけど、
できない日があってもいい。

今日はこの仕事ができた。
今日は家のことができた。
今日は子育てができた。
今日は自分のことができた。

その日の一番ができたら
自分を褒めてもいい。

人生、早めに「できた人間」になったもん勝ち。

人間は未完成で生まれ
人に育てられ、人に揉まれて成長し
少しずつ完成に向かう。

人間ができている人ほど、人生は楽だ。

器が大きく、心が広く、めったなことでは怒らない。
人にどう思われようが、気にならない。
他人の気持ちを察することができ、人に幸せを分けられるような
そんな人になれたら、もう最強。
誰もかなわない。

出会いと別れ、たくさんの経験。
そのすべてが、そのためのもの。
一切の無駄はない。

「いってらっしゃい」と
「おかえり」が
世の中を楽しくする。

この世界は、家庭の集合体でもある。
それぞれの家から、お父さんや夫や誰かが働きに出て、
子どもたちが幼稚園や学校に通い、
それぞれの場所でそれぞれ人と接して、
世の中が回り、またそれぞれの家庭へ帰る。

その、どこかで誰かと接する人たちが、
スタートでありゴールである「家庭」で
どう送り出され
どう迎え入れられるかは、とても大切。
楽しい家庭から、楽しい世の中が始まる。

「いってらしゃい」と「おかえり」は世の中全体に影響すると思って毎日言え。

言わずに、後悔する人だっている。
子どもはいつか巣立つ。
いつまでも言えると思うな。
人のためにも、自分のためにも、小さなことを大切に。

ガツーン

捨てられた部屋

親しい人の娘が、家出をした。

成人で、一人暮らしの子だ。果たしてこれを家出と言っていいものか。でも彼女はある日、その一人暮らしの自分の家から忽然と消えたのだ。母親とニトリで一緒に選んで買った白い家具たちも、揃えたキッチン周りの小物や家財道具も、自分の友人にもらった誕生日プレゼントやカードも、洋服もバッグも、全てのものを置いて、彼女はいなくなった。

家出に、かわいいもイカツイもないかもしれないが、決してかわいい家出ではなかった。

彼女がお気に入りだった淡いピンクのカーペットの上には、脱ぎっぱなしの派手な洋服と一緒に、テーブルに乗りきらなくなった弁当の容器やペットボトルなどのゴミが散乱していた。ベランダをクローゼット代わりにしていたらしく、物干しざおには洋服やコートがたくさん吊ってあった。そして、床には、ゴミに混じって、一冊のアルバムが落ちていた。実家を出る時に母親が作って贈った、彼女が赤ちゃんから大人になるまでの家族の思い出が詰まったアルバムだ。しかし、その上には干からびた唐揚げが一つ乗っていた。

私も、赤ちゃんの頃から知っている子の話だ。部屋の惨状は聞けば聞くほど悲しく、全てが乱雑で、その全てに愛着も愛情もなく、その部屋からはめいっぱいのゴミと一緒に、彼女自身のめいっぱいの「どうでもいい」が溢れているように感じた。

こういう話を聞くと、母親の心情を察し本当に残念な気持ちになるが、同時に、現実というのは、いつも想像の上をいくことを思い知らされる。不謹慎だがドラマの脚本を書くとして、「そうだ、アルバムの上に唐揚げを一つ乗せよう」なんてそうそう思いつかない。

その唐揚げ一つの部分だけでも、いかに部屋と心が荒んでしまっているかがよくわかり、その唐揚げを無言で払う母親を想像するだけで空しい。

事件性はない。元々、彼氏や友達の家に泊まったりして一人暮らしを楽しんでいたようで、あまり自宅には戻っていなかったらしく、家賃も振り込んだり振り込まなかったり。結果、入居時の連帯保証人である母親に何度か保証会社から電話がきたこともあったそうだ。しかし今までは一〜二か月遅れでも必ず振り込みはされていた。今回も、最初は「またか」と思っていたが、数か月経っても家賃は振り込まれず、さすがに心配になった母親が安否確認を訴え、保証会社の人と大家さんと共に合いカギで乗り込んだ結果、部屋はそんな状態で、本人だけが消えていたのだった。

職場は、既に退職していた。母親は当たり前だが、落胆していた。そして怒っていた。いいかげんな娘に。「連絡してこな、もう知らんからな！」というメッセージや、時にはもっと強い言葉を送り続けていたが途中から既読スルー、そして現実は「知らん」では済まされず、連帯保証人である母親は、娘が数か月分滞納した西梅田の安くないマンションの家賃を全て払わなければいけなかった。まさかこんなことになるとは思わず、親の役目として契約時にしっかりサインをしていたからだ。下の子の受験や入学も控え、毎日必死に働き作った母親の蓄えから、数十万円が瞬く間に消えた。このまま部屋を借り続けたら、負担は大きくなる一方。しかし母として、娘の帰る場所を失くしてしまうことには当然抵抗がある。部屋の解約は最後の手段だった。しかし、そこから更に連絡が取れないまま数か月。その間にも家賃は発生する。母親が稼いだお金は、毎月消えていく。誰も住んでもいないゴミ屋敷の家賃へと。毎日、何度も本人に電話をするが一度も出ず、解約する旨のメッセージを送るが相変わらず既読スルー。腹が立つが、既読が付くということは生きているということ。携帯代を払うお金もあるということ。それにまずは私も一緒に安心する。とにかく本人に連絡を取らねば、ということで部屋に何度か母親が張り込んだ。薄暗い部屋で少しずつ片付けながら。実家にいる時は部屋をそのようにしていたわけではないので、最初はちょっとしただらしなさから始まったのかもしれない。

母親とも元々は仲が良かったはずだが、少しずつ軋轢が生じ、この件で大きなひびが入ったように思う。

母親は数度目の張り込みで、おそらく着替えを取りに帰ったのだろう、一時帰宅した娘とついに鉢合わせた。しかし娘は玄関で母親に気づいた瞬間、慌てて走って逃げて行ったらしい。

言葉はない。ハイヒールの音だけ。母親は、追わなかった。

私もその話を聞き、これはさすがにもう解約するしかない、と思った。このままでは、母親が倒れてしまう、と心配になったのと、成人した娘に対する親としての責任の域を既に超えていると思ったからだ。だが、ここで信じられない問題が発生する。保証会社に解約することを伝えると、連帯保証人には部屋の解約をする権限はなく、本人の同意がないとできないという返事が返ってきたのだ。その本人が消えているのに？　連絡も取れないのに？　何それ、連帯保証人、めちゃめちゃ不利やん。そりゃ本人が住んでるのに勝手に解約されたら困るやろうけど、ここはケースバイケースでせめて本人とこれだけ連絡が取れない場合はできるようにしようよ、と聞いた私も憤慨したものだ。しかし考えたら長い間連絡が取れていない、という証明も難しいのか？　私にはわからない話だったので、とにかく専門家に相談するように勧めた。母親はそれから毎日、朝早くから仕事をしながら、保証会社と話したり、法テラスの弁護士に話を聞きに行ったりしてとにかく大変だった。

交渉は簡単ではなかった。相手は契約書を盾に、強制的な退去は違法、本人の同意が取れるまでこのまま家賃を払い続けろと訴える。「保証人ってやっぱり怖！　ハンコ押したらあかん！」と思うが、まさか仲良く契約に訪れた母子の間がこんなことになると誰が想定するだろうか。

精神的にも肉体的にも母親の疲労がピークに達しそうな頃、やっと結論が出た。最終的に決め手となったのは、最初に保証会社の人と一緒に部屋に入った時に床に落ちていたものだった。保証会社からその部屋に送られた契約更新用の書類があったのだ。半年以上前の日付が入ったその書類には、サインもされていなかったにもかかわらず、契約は自動で更新されていた。母親は「こんなに前からこの状態ってことでしょう？　こんなに前から連絡取れてないんやん、こんなんで更新させて住まわせているそちらもおかしいんじゃないですか」と話し合いを重ね、最終的には保証会社が折れることになり「本人の同意なく強制的に解約・退去をすることで、もし今後本人が訴えてきても全て無効」という内容の同意書に連帯保証人の母親がサインすることで、やっと部屋の解約ができたのだった。そして部屋のものは、母親の手によって廃棄された。門出を祝して一緒に選んで揃えた白い家具たちもお気に入りのカーペットも。

事の顛末を見守っていた私は、親として母親が不憫で仕方なかった。こんな形の親不孝があるのか、と思った。しかし、同時に親として、その娘のことも心配で仕方なかった。彼氏の家に住んでいるかもしれないとはいえ、こんな消え方を許す相手と、どんなことに巻き込まれているかわからない。仕事は？　生活は？　それほど荒れた部屋に在った心は？　これからどうして生きていくのか？　小さな頃から優しい子だった。きっと家族に思いを馳せ、もしかしたら後悔していることだってあるだろう。こんなことが起こるかなり前、十代の彼女が東京に遊びに来た時に、我が家に数日滞在したこともある。母親によく似ていた。「ゆきちゃん」と私を呼ぶ声、その眼差しに、十代の頃のあの子の面影を見た。一緒に出掛けると、私まで十代に戻って、あの頃のように遊んでいるような気持になって楽しかった。

あれから数年。今も彼女は帰って来ない。

しかし一度、彼女から私の元に連絡があった。消えてしまった彼女から、私のSNSのメッセージに彼女が送ってくれた、いくつかの短い言葉に、私がどこかで期待していた「幸せ」は見当たらなかった。

彼氏とは別れたようだった。「元気？　楽しく暮らしてる？」と聞く私に、「楽しくはないかな……」という文字と泣き笑いのような顔文字。「じゃあ帰っておいで」というメッセージには、「帰れない、こんな自分で」と泣き笑いの顔文字。その後、家族の幸せを願う言葉と、私を気遣う言葉が続いた。今もやはり、優しい子だった。

これは、彼女自身の決断による「結果」だ。彼女にしかわからない痛みや理由があり、決断した結果が「今」だ。もしかしたら彼女は、いくつかの選択や決断を間違えてしまったのかもしれない。しかし、若い彼女が犯した間違いを責められるだろうか。誰だって間違うことはある。若い頃は特に。私だって、何回もしょうもない間違いを繰り返した。

彼女の母親は、決して何も教えなかったわけではない。しかし、それでも大切な何かを知らないまま、あるいは忘れて、大人になってしまう子もいる。「なるべく間違わないために幅広く学ぶこと」、「あらゆる結果を想像して行動すること」、「何より、自分を大切にすること」。一生懸命教えても、結局自分の身をもってわかるしかない場合もある。間違いが大きいほど苦い経験を伴うが、その時に、今まで気づかなかった多くのことにも初めて気づくだろう。気づいた時に、「意味のない間違い」はなくなる。どんなことも、全ては無駄ではなかったと思えるのだ。私は、彼女の母親ではない。でも彼女がこの経験によって幸せになることを願わずにはいられない。それまで、一生懸命もがけばいい。まず自分で自分を変えて、上に向かってもがいていれば、必ず浮上する。それでも抜け出せないことがあるのなら、救いを求めたらいい。

沈みかけている「大人」を救うということは、偽善では無理だと思っている。毎回雨が降るたび、びしょ濡れの人に、傘をさしてあげることが救いではない。傘をプレゼントしたり、傘を買うお金をあげたりすることでもない。その人に、どうして傘が必要なのか、次から傘を忘れないためにはどうしたらいいかを教えること、そして自分で考え、自分で天気を調べ、自分で買った傘を自分で持って出かける人にして初めてそれが、本当に人を助けるということだと思っている。それは親として、人を育てていく基本として肝に銘じていることでもある。

親と子とはいえ、全てが愛と優しさと慈悲をもってすれば解決するわけではない。他人ならなおさらだろう。

しかし私は、彼女の母親に、あの日、体操服に着替えていた教室で、心を救ってもらった。あの時のあの子も無視は怖かったはず。見て見ぬふりもできたはず。なのに、小さなその手を差し伸べ、泣きながら助けてくれた。そこに偽善や計算はない。だから、私は、あの時もらったものを返したい。小さかったあの子から教えてもらった本当の強さ、優しさ。そして、他人でも覚悟があれば救うことができること。今度はあの子の娘に私が伝えたいと思う。

もしかしたら、このために私はあの子とあの時、友達になったのかもしれない。人は、時を超えて繋がり、助け合うことができる。一つ一つの出会いは、自分ではなく自分の大切な誰かにとっても大切な出会いかもしれない。

互いにどう思っていようが、他に代わりがいない親と子として命を分け合った2人が、ハイヒールの音だけで別れてしまっていいはずがない。限りある時間の中、すぐ傍にある幸せに向かって、全力でもがいて欲しい。

家を捨てたあの日の彼女が、心から安らげる居場所に笑顔で「ただいま」と言えることを願う。

7章

今、もがいている人に伝えたいこと

必死で生きている人

もがいているということは必死で生きているということ。

どんな人も、毎日多かれ少なかれもがいている。もがかないと沈むからだ。

それは、日常での小さな努力だったり、大きな挑戦への奮励だったりするだろう。

職場で、学校で、家庭で、人との間で、子育ての場面で。思い通りにいかない時もある。周囲や自分に嫌気がさす時もある。それでも、もがいた先にある自分の大切な居場所や、自分や家族や大切な人との幸せを、大きく広げたその手で掴むのだ。

大きな幸せほど、遠くにある場合もある。大きな目標ほど達成困難なように。

でも、途中で目標は変わってもいい。挫折なんか何回してもいい。ちょっとくらい休んでもいい。自分で最後に「幸せ」にたどり着けさえすれば、挫折も休憩も通過点。道でいう曲がり角。真っすぐ平坦な道ばかりなわけがない。

地図を見直し計画を立て、曲がって曲がって曲がり過ぎて「あれ？　元に戻った？」と不安になりながらも、どこかにたどり着くこともある。人に聞いて、人に助けてもらってたどり着くこともある。その道のりこそが、自分の宝となるのだ。その道のりを知っているからこそ、同じように苦労した人を気遣えるし、今迷っている人の力になることができる。

幼い頃に思い描いたものを手に入れるだけが幸せではない。成長するに従って、多くのことを学び、習得し、活かしていたら、考えたこともない場所で全く思いもよらない幸せに出会うこともある。それが、最初に思い描いていたものよりも、もっと大きなものだった、ということがある。

何を諦めても捨ててもいい。ただ絶対に、幸せになることだけは、諦めてはいけない。

今、いろいろ上手くいかなくて、気持ちが沈み、もがいている人に伝えたい。

遺伝と育ちのせいにばかりするな。

遺伝と環境で決まることは、大きい。
だけど自分がうまくいかない理由は、
きっとそれだけじゃない。

全てをそのせいにしてしまうのは、立ち止まるのと一緒。
せっかくの可能性も一緒に止まる。

まだまだこれから変えられる。

これからの環境と考えを変えれば、
遺伝も過去の環境も飛び越えて
自分と人生は大きく変わる。

ハイタッチを諦めるな！

クイズ番組やスポーツ中継で、
味方のチームで順番にハイタッチし合う時に、
待っていても気づいてもらえず
満面の笑みのまま行き場のない手をそっと降ろす人を目撃すると
なんともいえない気持ちになってしまう。

そういう時は、気づいてくれるまで待て！

恥ずかしいかもしれないが、
せっかく挙げた手は、よほどのことがない限り降ろすな！

必ず自分の番は回って来る。
だから、自分で期限を切って諦めるな！

そのほうが、見ている人（私）もスッキリする。

傷は残るが痛みは消える。

誰もその気持ちはわからない。
傷を受け、痛みを負う本人じゃないとわからない。
だから、他人に同じようにわかってもらおうなんて、期待してはいけない。
だけど、どんなにつらい体験をして、心に大きな傷を受けたとしても

必ず痛みは薄れていく。

傷は残り、見る度に思い出すかもしれないが、
最初に受けた痛みや苦しみは続かない。

もしもそれが考えても変えようのない、
すでに起こってしまったことなら、考えなくていい。
それ以外のなんでもいいから、違うことを考えればいい。
今は無理だと思っても、必ず前を向ける日がくる。

自分の幸せから逃げるな！

「人を助けて、人を喜ばせることが私の幸せ」

そう言って、人のために生きるのは立派だけれど、

「私はこれでいいんだ」なんて言うな。

夫のために、子どものために、親のために。
それも立派で当たり前のことかもしれないけれど、
もしも長い我慢の上にいるなら、
自分の幸せから逃げずに
自分の幸せも全力で追え！

なおかつ、誰かを幸せに。

そしたらみんなもっと幸せ。

子どもは何があっても、
親を許す。

どんなダメな親でも、どんなひどい親でも
子どもは、親のことを心の底から嫌いになれない。
離れていても、今は嫌でも、どこかで何度も、親のことを思い出す。
どうしても嫌いになれない人間を許せないことは、
とても苦しくて、つらいことでもある。

だから、親は絶対に子どもを
裏切るようなことをしてはいけない。
だから、親は絶対に子どもに
許してもらわないといけないようなことを、してはいけない。

だけど、どんなにケンカしても、どんなに罵り合っても
子が親を許した時、親子は必ず元の関係に戻れる。
親子なのだから。

だらしなかろうが、潔癖過ぎようが
かしこかろうが、アホやろうが
天パだろうが、ストレートだろうが
色白だろうが、こんがり小麦色だろうが
優しかろうが、冷たかろうが

結婚していようが、子どもがいようが
結婚していなかろうが、子どもがいなかろうが
病気だろうが、健康だろうが
どんな失敗をしようが、大きな間違いを犯そうが
八つ当たりされようが、親のことを嫌いだろうが
関係ない。

親は、
どんなことがあっても
自分の子を受け入れ、
何もかもなくなっても、
子を愛する。

親は子のために悩み、
うるさく言ってしまうけど、
生きて、
毎日笑っていてくれてたら
それでいい。
笑っている顔を見れたら
それでいい。
自分の力で、
人生を楽しんでくれたら
もっといい。

親子

娘が小学3年生の時だった。行儀が悪いことをしたか何かで叱った時だ。前にも教えたよね、と釘を刺しつつ「ママはそんなことしなかったけどなぁ」と何気なく言った私に、それまでしおらしく話を聞いていた娘が不思議そうに言った。

「あのね、前から思ってたんだけどママもパパもよくそうやって、そんなの自分はしなかった、とか、自分はこうしていた、とか言うけどさぁ、なんで言うのか意味がわかんない。だって、私はママでもパパでもないのに、急にママやパパの話をされても、私には関係ないから、ふーん、としか思わないよ」反抗的でもなく嫌味でもなく、ただただ心の底から不思議そうな顔だった。

大の字で立ち、白目をむいた私の全身を雷が貫くような漫画的衝撃。

そうか、ほんまやん、この子はこの子で、私じゃないやん。「私がしなかった」

とか「した」という話を聞かされても響かんのか……はは、そうか！　と笑ってしまったことが強く記憶に残っている。

私たち大人は、人に何かを伝える時、わかりやすいと思って自分の失敗を例に挙げたり、ついつい自分の体験を交えて話してしまう。しかし子どもにはストレートに「こうだからダメだよ」のほうが響くのかもしれない。親は子を思うあまり、子どもの人生と自分の人生を混同してしまいがちだが、子どもには子どもの人生があり、私たちは最低限の生きていくための教育をしたのなら、後は見守るのが正解なのだろう。自分で考え、自分でやったことで自分が失敗し、自分で責任を取る。それを繰り返させるほうが、親の失敗したり成功したりした話をグダグダ聞かせるよりも何倍も子を成長させるだろう。

命を授かる。というのは、子の側なのか、親の側なのか。私は今「親」真っ盛りなので、どうしても親の側として、私たちが子の命を授かった、と捉えてしまう。しかし、「子」の立場の時は、親によって自分が命を授かった、と捉えていた。さらに、授かったこの命を、どううまく使うのかは、自分に任せて欲しい、と思っていたはずだ。

全ての親がそうであるように、「親」も元々は誰かの「子」であるはずなのだが、「子」は、「親」になった時からだんだん、子であった時のことを忘れ、子を立派に育てるために、子に必要以上に助言し、転ばぬ先の杖を何本も渡し、子の人生に干渉してしまう。中には、子の人生を取り上げかねない親もいるが、おそらくそれは強すぎる責任感と、自分のためだ。親として、子どもが不幸な人生を送るのは耐えられない。見たくないのだ。この世に招待したのは私たち親なので、せっかくなら人生を楽しんでいってほしいなー、で終らせておけばいいものを、「そんな甘いものじゃない」ということを知ってしまったがゆえに、子にだけは人生を少しでも有意義で幸せなものにしてもらいたい。そのための知識と知恵と体験によって培った方法を教えてあげよう、だから絶対に自分よりも幸せになって欲しい。ほとんどの親がそう願い、子に時には厳しく人生を教え、時には甘く人生を与えるのだ。

親としては、その気持ちも理解できる。しかし、子のためを思うなら、不幸も経験させなければ幸せは経験できない。不幸を知らない人間は、本当の幸せには気づかないからだ。

娘の言う通り、娘は私ではない。そして、私を産んだ親の願いは、私の人生が有意義で幸せなものになることだろう。私は自分で考え、自分の力で道を切り開き、自分で今を懸命に生きている。だからこそ今、幸福だと思うし、この人生を失いたくないと強く思うのだ。自分自身、散々親や大人に色んな話をしてもらった。それは無駄ではない。言われたことは後になって響いてきたのは事実だが、それは答え合わせのようなものだった。結局、自分で考えて自分が失敗したことでしか反省も学習もできなかったし、わからなかった。

親の失敗体験、親の助言というのは結局子どもにはあまり関係ないのだ。

親子でも、全く違う人間。

子どもはそのことを親よりもよく理解している。

あとがき

このあとがきを書こうとしたまさにその日、部屋を捨てたあの娘が、家族に会いに行った。4年ぶりのことだ。家族や祖父・祖母、親せきが集まり、抱き合って泣いたそうだ。実は、この本に彼女のエピソードを書いた後、偶然にも彼女が私に連絡をくれていた。彼女は体調を崩していた。「家族に話せる人がいなくて」というメッセージには、例の愛嬌のある困り顔の顔文字がついていた。そこから、病院に通う彼女とほぼ毎日のように、連絡を取り合った。たいてい、私が家に帰るよう説得して、彼女が話を逸らす、というやり取りだったが、以前よりもほんの少し、本当に僅かずつだが、私の言葉に耳を傾けてくれている気配を感じることができた。

このジリジリとしたやり取りは、彼女の母親である特友には内緒にしていた。ひどいかもしれないが、それが唯一彼女の信頼を得る手段だった。母親（特友）には、「もし私にだけ連絡があって、内緒にしてほしいと言われたらそうする」と以前に告げた時に、「全て任せる」と了承も得ていたし、まず彼女には、信用して何でも相談できる人間が必要だと思ったのだ。母親には言いにくい話もあるだろう。事実、私が想像していたよりも、母親との確執は根深かった。

早朝、深夜、朝夕問わず、数行ずつのやり取り。毎日少しずつ会話が増え、彼女の体調が落ち着いてきた頃、彼女の祖父が倒れた。私の特友にとっての父である。

特友からそれを聞いた私はすぐに彼女に告げた。「じいに会いに行っておいで」彼女は迷っていた。祖父には会いたい、でも母親には会いたくないと言うのだ。

そこから毎日、祖父が心配で仕方ないが躊躇する彼女と、説得する私との攻防が続いた。その間、彼女の祖父は2回倒れ、入退院を繰り返した。

2回目に、私は自分の父親の話をした。私が東京にいる時に父は死んでしまった。会えなかった。話せなかった。もう一回だけでも話したかった。後悔してほしくない。そんなことを書いた。

「わかった。会いに行ってくる。」

いつも自分の気持ちをごまかすかのようについていた顔文字はなかった。

その2時間後、彼女は予告なく帰った。親せきが駆け付け、玄関で泣きながら抱き着き、祖母は泣きながらタンスからハンカチを大量に出してみんなに配った。母（私の特友）も4年ぶりの娘の姿に号泣。祖母からハンカチを受け取り涙をぬぐった後、同じように泣く娘を見て思わずそれを手渡した。つき返されるかと思ったが、娘は母が涙を拭いたその同じハンカチで自分の涙を拭いてくれたそうだ。それを見た特友は、また泣いた。このハンカチの話は、「唐揚げアルバムエピソード」とともに、私の心に強く残りそうだ。

自宅に戻った彼女から、「ゆきちゃんありがとう」という言葉と♡が送られてきた。「勇気いったけど会えてよかった」。連絡を取り合ってから、一番幸せそうな文面だった。きっと何度も優しく「おかえり」と言ってもらえたことだろう。

勇気を出して決断した彼女を褒めてあげたい。帰ることを決めた彼女がまず私にしてきた相談は、祖父や祖母へ渡すお土産のことだった。変わらず優しい子なのだ。

今回、彼女が家族に4年ぶりに会いに行くまで、私と彼女は一度も電話で話していない。全て文字のやり取りだった。電話をすることは簡単だったがしなかった。若い彼女に、今長々と説教じみた話をするのは効果的ではないと思った。それに、本気の言葉は、文字だけでも心を動かせる力があると信じていたからだ。

この本に書いた言葉は、全て「あの頃の自分」への言葉だ。だけど、もしも私以外の誰かが、彼女のように何か一つ勇気を出せたり、変われたり、嬉しいことに出会えたら。この本が誰かのそんなきっかけになったなら、いつか私は、今、この時の自分をガツンと褒めてあげたい。

私の人生の大切な一部を読んでくださった皆様、
今まで私に本気の言葉をくれた全ての皆様、ありがとうございます。

二〇一八年初夏　　野々村友紀子

野々村友紀子 Yukiko Nonomura

1974年8月5日生まれ。大阪府出身。

2丁拳銃、修士の嫁。

芸人として活動後、放送作家へ転身。現在はバラエティ番組の企画構成に加え、吉本総合芸能学院（NSC）の講師、アニメやゲームのシナリオ制作をするなど多方面で活躍中。著書に『強く生きていくために あなたに伝えたいこと』（産業編集センター）がある。

あの頃の自分にガツンと言いたい

2018年7月13日　第一刷発行

著 者　野々村友紀子

装画・本文イラスト　上路ナオ子
ブックデザイン　清水佳子
編集　福永恵子（産業編集センター）

発 行　株式会社産業編集センター
〒112-0011 東京都文京区千石4-39-17
TEL 03-5395-6133
FAX 03-5395-5320

印刷・製本　株式会社シナノパブリッシングプレス

ISBN978-4-86311-195-0 C0095